VOTRE MAISON
FENG SHUI

6, rue Régis – 75006 Paris
Tél. 01 42 22 56 84 - Fax : 01 42 22 65 62

Imprimé en France

I.S.B.N. 2-84197-298-4

Catherine Caney
Avec la collaboration de Sylviane Elbaz

VOTRE MAISON
FENG SHUI

Éditions TrajectoirE

AVANT-PROPOS

VIVRE FENG SHUI
ÊTRE BIEN CHEZ SOI

Désormais populaire, voire en vogue dans notre vieille Europe après avoir connu une vague de succès incontestable en Amérique du Nord et en Angleterre, le Feng Shui, ou l'art de la géomancie, pratique chinoise ancestrale datant de plus 3 500 ans, réunit par ses effets ce que notre société d'aujourd'hui recherche dans “ un monde sans pitié ” : l'harmonie.

En aménageant sa maison selon des principes qui relèvent très souvent du bon sens et dans le respect du flux des énergies et de son moi profond, le célibataire, le couple ou la famille développent leurs capacités, leurs chances de corriger, pratiquement de métamorphoser leurs vies de tous les jours. Relations, travail, argent, bonheur, santé, réussite, amour, le Feng Shui nous aide à positiver, à aller de l'avant.

Vivre Feng Shui, c'est par conséquent accepter que l'ensemble de notre cadre environnemental réponde ou doive correspondre à notre âme, à nos pulsions conscientes ou inconscientes, reflets de notre nature profonde, et que celui-ci, parfois, doit être agencé autrement pour parvenir à une certaine quiétude. Jean-Paul Sartre soulignait, “ *L'enfer, c'est les autres* ”, et force est de constater que l'homme n'est pas seul dans l'univers. La nature et l'humanité qui l'entourent influent sur sa santé mais aussi sur son affect comportemental, pulsions intentionnelles ou instinctives.

Nous le voyons aujourd'hui, notamment avec les différents mouvements écologiques où l'homme s'essaye à une conception générale de la vie tout en privilégiant tout ce qui lui est intime et ses relations avec les autres. Le Feng Shui peut être, dès lors, considéré comme une science qui permet à l'être humain de réduire les contrecoups dommageables de son milieu familier ou professionnel.

Que signifie Feng Shui ?

Littéralement, ce terme en deux mots, selon les dictionnaires *ad hoc*, personnalise sous le nom Feng (prononcer Fong), le vent et sous Shui (prononcer Shuei, Chouei ou Choi), l'eau. Feng associe les forces atmosphériques et Shui évoque l'écoulement et les cours d'eaux souterrains, voies secrètes.

Par extension, Feng, le vent, symbolise le souffle “ divin ” et son pouvoir s'étend sur l'ambiance de nos maisons, de nos habitudes vestimentaires, de notre réputation, de nos actions aussi. Le vent se détermine sous plusieurs forces dans huit directions principales qui correspondent en fait à huit énergies célestes. Quant au Shui, l'eau, l'un des cinq éléments fondamentaux, le retour aux sources, l'origine, ce qui fut la face cachée de notre vie, traduit non seulement tout ce qui est liquide mais nos racines profondes, notre valeur, notre qualité.

En bref, le Feng Shui, découlant de la philosophie et de la sagesse chinoises, c'est l'étude des truchements entre le qualitatif et le quantitatif, de la façon d'accorder le monde moderne et les coutumes, le perceptible et l'immatériel, la volonté d'employer à des fins bénéfiques ce qu'il y a de plus profond et de plus occulté, la genèse de la vie. Le Feng Shui est un long apprentissage, suivant des techniques ancestrales, des dynamismes cosmiques et des intensités telluriques aux seuls aboutissements de les maîtriser.

Le Feng Shui n'est pas uniquement l'art d'ordonnancer son lieu de vie, il intervient sur quatre domaines tous interactifs : l'environnement, les constructions, les personnes et évidemment le temps, celui qui est passé, celui qui passe et celui de l'avenir. Nous pouvons ainsi observer certains faits et envisager de contrecarrer certaines suites possibles en évitant d'énormes fautes, et pas seulement de goût, risquant d'ébranler le trajet spirituel qui nous relie à la terre et au ciel. Fondé à la fois sur l'examen et sur l'intuition, assimilé à la profession de l'acupuncture, (si nous préjugeons que ce procédé est tout sauf cartésien et, pour certains relevant même de la superstition), par son antériorité, ses bienfaisances sont reconnues. Et parce qu'il continue d'être exploité à Hong Kong et désormais partout ailleurs, le Feng Shui, bien utilisé, agit avantageusement sur les huit aspirations de l'être : l'argent, la réputation, la carrière professionnelle, l'amour, la famille, la santé, la connaissance, les aides extérieures au cercle intime.

Pour y parvenir, le Feng Shui repose sur deux grands principes : l'équilibre du Yin et du Yang et le bon usage des cinq éléments.

Bon sens, nous le répétons, connaissance, intuition et respect de soi sont les bases d'un honnête équilibre. Le Feng Shui est une science qui décompose les différentes énergies de l'environnement et en analyse les influences sur les personnes. Il ne suffit pas d'appliquer un seul des conseils, ne changer que la zone argent par exemple, mais tenter d'appliquer l'ensemble des modifications pour que votre vie progresse réellement vers le positif. Il faut également respecter sa personnalité, ne pas tout modifier et éviter de transformer sa maison en un lieu qui ne répond pas à vos goûts. Il faut aimer votre intérieur avant tout.

N'oubliez pas, chaque cas est unique.

Chapitre I

LES BASES DU FENG SHUI

1) YIN & YANG

a) Aspects psychologiques

Le principe Yin-Yang : il participe aux deux grandes forces de l'univers dans une équation et un équilibre parfait à atteindre. Les forces Yin et Yang, matérialisant le clair-obscur, le négatif-positif, les pôles mâle-femelle totalement indissociables, complémentaires et interdépendantes. Le mouvement de ces deux forces régit la vie de l'homme, celle aussi du monde animal et végétal.

Le bon comme le mauvais, notion relative car il y a surtout des bonnes ou mauvaises influences, différentes selon l'individu, cohabitent constamment.

L'attribut Yin-Yang n'a rien d'absolu : unité, principe binaire, nature, relativité, divisibilité, opposition, interdépendance, mouvement, transformation… tout est mutation permanente.

Si le jour est Yang et la nuit est Yin, le matin est le Yang du Yang, l'après-midi est le Yin du Yang, la première partie de la nuit est le Yin du Yin, la dernière partie de la nuit est le Yang du Yin.

Le Yin

Le Yin est l'esprit de la nuit, des choses cachées, des ombres et des secrets de famille.

On s'investit dans la frivolité, maquillage des heures sombres restées ancrées au fond de l'inconscient. La moindre égratignure sentimentale mène à un abîme émotionnel préservé.

Les intuitifs sont Yin ; ils ne comprennent pas, ils ressentent ; ils ne conseillent pas, ils s'engagent.

Associé traditionnellement à la féminité, le Yin émane de personnes, hommes ou femmes, sensibles, en quête de savoir et qui sont généralement touchées par les sciences philosophiques, l'hermétisme ou l'art.

Le Yang

Le Yang est une réponse à un problème mathématique. Il est l'aboutissement d'une étude rationnelle.

Vivre Yang nécessite de faire le point sur son vécu, évaluer ses capacités et ses lacunes, décider sans hésiter et gérer enfin ses choix.

Les rationnels aiment à montrer leur pouvoir, supportant très mal de déléguer pour une raison capitale : leur maîtrise les aveugle.

Le hasard n'existe pas, l'hypothèse non plus ; seule l'expérience clinique apporte des certitudes dont on débat publiquement.

Généralement lié à la masculinité, le Yang jaillit des maîtres et maîtresses en tout genre : professionnel, familial ou sentimental.

b) Les matières

Les matières Yin

- Fluides : eau de fontaine, gel, bain moussant, parfum, huile, perles de bain.
- Souples : voiles, rideaux, doubles rideaux, stores en toile, tapis à longs poils, liège, osier, rotin, éponge.
- Tissus à motifs fleuris, avec dentelle, ruban, élastique, vêtements, peignoirs ou serviettes de toilette en vue.
- Bois clairs : bouleau, pin....
- Mobilier : canapés en tissu ou velours avec coussins, petits meubles décoratifs.
- Quelques livres sur une table basse.
- Baignoire, vasque, lavabo.

Les matières Yang

- Compactes : savon, paillettes, bougies, galets effervescents pour le bain.
- Rigides : volets, persiennes, stores à lamelles.
- Froids : carrelage, parquet, linoléum, marbre, verre, métal, émail.
- Tissus unis, avec lignes ou carreaux, vêtements, peignoirs ou serviettes de toilette dans des meubles de rangement.
- Bois colorés : acajou, chêne....
- Mobilier fonctionnel : chaises, tabourets, table épaisse carrée ou rectangulaire, meubles hauts, meubles laqués, gros électroménager (cuisinière).
- Télécommunication, informatique.

L'harmonie Feng Shui dans les matières

Quelques exemples :

• Des fenêtres à structure en aluminium avec un store en toile frangée vert tilleul.

(Vitre = Yang, alu = Yang, toile frangée = Yin, vert = Yin)

• Une table monastère en chêne, traversée d'un chemin de table en coton fin brodé, écru.

(Table monastère = Yang, chêne foncé = Yang, coton fin = Yin, brodé = Yin, écru = Yang).

• Une coupe de perles de bains sur le rebord d'une baignoire émaillé dans des tons orangés, bordée de lambris teintés acajou.

(Coupe = Yin, perles de bains = Yin, baignoire = Yin, émail = Yang, orangé = Yang, lignes droites du lambris = Yin, acajou = Yang).

c) Les influences

Les influences Yin

- L'éclairage : Lumière douce, diaphane, tamisée, éclairage indirect, mouvement ascendant.
- Les couleurs dominantes : bleu, vert, violet, marron, noir.
- Les formes : toutes les courbes, voûtes romanes, les dômes.
- Les lignes : horizontales, transversales.

Les influences Yang

- L'éclairage : lumière vive, crue (néons, spots, projecteurs), éclairage direct, mouvement descendant ou latéral.
- Les couleurs dominantes : jaune, orange, rouge, rose, blanc.
- Les formes : anguleuses, voûtes gothiques, les œuvres d'art cubiques, poutres verticales, barreaux.
- Les lignes : droites, verticales.

(Liste non exhaustive)

L'harmonie Feng Shui dans les influences

Quelques exemples :

- Du tissu mural aux lignes verticales bordeaux s'arrêtant sur une large plinthe de bois sombre (tissu mural = Yin, lignes verticales = Yang, bordeaux = Yang, plinthe horizontale = Yin, bois sombre = Yang).
- Une niche en pierre surmontée d'une voûte romane dans laquelle on placera une bougie parfumée (pierre = Yang, voûte romane = Yin, bougie = Yang, parfum = Yin).
- Une reproduction de “ La femme en bleu au béret ” de Picasso, encadrée de métal brut, éclairée au-dessus par un petit spot avec une ampoule bleue (art cubique = Yang, période bleue = Yin, cadre métallique = Yang, éclairage vertical descendant = Yang, lumière bleue = Yin).

LA BOUSSOLE CHINOISE

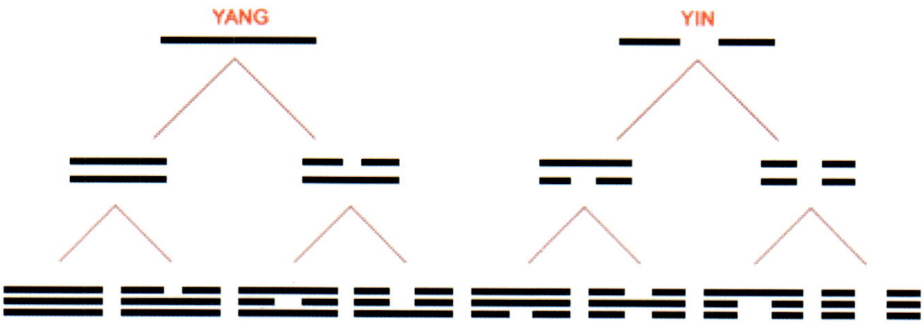

La boussole Feng Shui appelée Luo Pan, indique le Sud, orientation privilégiée pour les Chinois. Elle est représentée entourée de cercles, au centre d'un carré magique quadrillé d'un fil rouge. Les huit trigrammes sont notés sur le premier cercle. Les cinq éléments sur le second, puis, diverses indications relatives à l'aménagement d'une maison sur les cercles suivants.

Les trigrammes sont à l'origine du Ba-Gua.

Il y a environ 4 800 ans, le premier maître chinois Wu de Hsia a découvert le carré magique sur la carapace d'une tortue, introduisant les huit directions figurées par la boussole.

Il inventa les trigrammes qui offraient toutes les possibilités d'interconnexion entre le Yang, énergie masculine, symbolisé par une ligne continue et le Yin, énergie féminine représentée par une ligne discontinue.

LES TRIGRAMMES POUR UNE ORIENTATION OPTIMALE

Ch'ien

Le créatif

Symbole : le ciel
Couleur : mauve
Énergie Yang absolue
Force et ténacité

K'an

L'épouvantable

Symbole : l'eau
Couleur : noir
Action et ambition

Ken

Le calme

Symbole : la montagne
Couleur : bleu
Isolement, autocritique, équilibre

Chen

L'excitant

Symbole : le tonnerre
Couleur : vert
Initiative, imprévisibilité

Sun

Le doux

Symbole : le vent
Couleur : violet
Assurance et tempérament

Li

Ce qui s'attache

Symbole : le feu
Couleur : rouge
Joie, ferveur et réussite
Force et ténacité

K'un

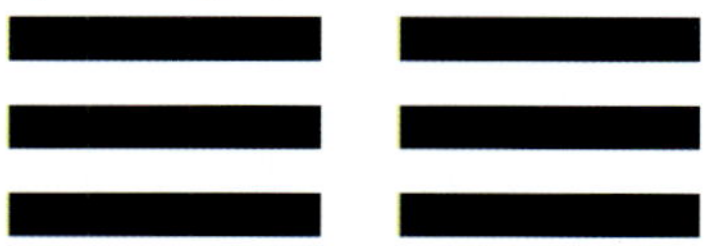

Le réceptif

Symbole : la terre
Couleur : rose
Énergie Yin absolue
Relations familiales, amour, respect

Tui

Le joyeux

Symbole : la bouche
Couleur : blanc
Bonheur et insouciance

2) LES CINQ ÉLÉMENTS CHINOIS

Leur utilisation en Feng Shui.

L'eau, le bois, le feu, la terre, le métal.

Comme dans la plupart des sciences chinoises, les cinq éléments retrouvent leurs places symboliques dans la décoration de la maison. Selon le Feng Shui, la réalisation d'un intérieur harmonieux, s'anime de deux concepts : un cycle de résistance d'ordre destructeur et un cycle d'expansion, d'ordre constructif.

Chaque cycle humain ou végétal comporte plusieurs phases qui sont la naissance, la croissance, la maturité, la dégradation et la mort. La décomposition vient ensuite nourrir la terre qui elle-même apportera la vie.

Il en est de même pour les règles d'agencement du foyer. Respecter la disposition des meubles et des objets décoratifs symboliquement représentés par les cinq éléments en se référant à un cycle constructif pour ne pas renoncer à la chance et ouvrir son âme aux opportunités.

L'application d'un cycle constructif amène la chance alors qu'un aménagement anarchique génère un cycle destructeur favorisant stagnation ou échecs à répétition.

CYCLE CONSTRUCTIF

Ce cycle répond à la logique de la vie.

L'eau nourrit le bois.

Le bois se consume pour alimenter le feu.

Le feu nourrit la terre.

La terre nous offre des minéraux.

Le métal dissous enrichit l'eau.

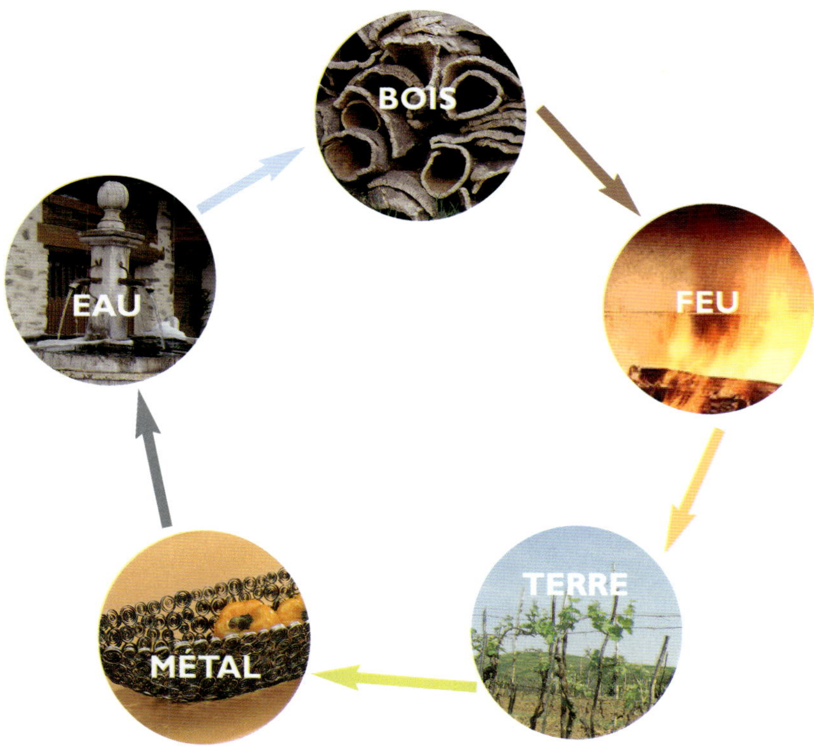

CYCLE DESTRUCTEUR

Ce cycle répond à la logique de la mort. Le tracé des flèches du cycle destructeur s'apparente à l'étoile que l'on retrouve en sorcellerie.

L'eau éteint le feu.
Le feu fait fondre le métal.
Le métal scie le bois.
Le bois déshydrate la terre.
La terre retient l'eau.

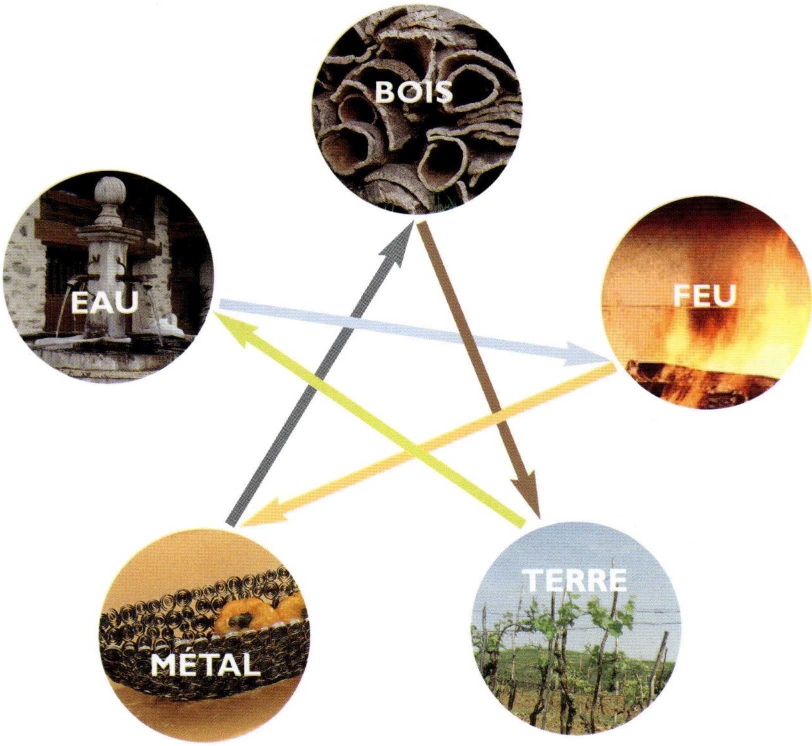

Conseils de décoration

Ne pas placer trop de réservoirs d'eau dans une pièce équipée d'une cheminée car l'eau éteint le feu.

Ne pas trop éclairer les pièces chargées de métal car le feu fait fondre le métal.

Associer le métal au bois parcimonieusement car le métal scie le bois.

Ne pas habiller totalement votre terrasse de caillebotis et mobilier en bois car le bois déshydrate la terre.

Ne transformer pas votre salle de bains en oasis car la terre retient l'eau.

a) L'EAU

L'eau est un miroir qui offre à l'âme la sérénité nécessaire pour s'évader dans la spiritualité.

Les ions négatifs qu'elle produit procure bien-être et réconfort.

Ceux qui recherchent l'indépendance dans leur vie privée ou professionnelle apprécient la présence d'une source d'eau dans leur maison ou jardin. L'eau est la vie. Ils la préfèrent vive et capricieuse, à leur image. Attention toutefois aux bruyantes cascades qui finiraient par assommer les plus endurants, pliant sous le poids des épreuves de la vie pour mieux se refermer sur eux-mêmes.

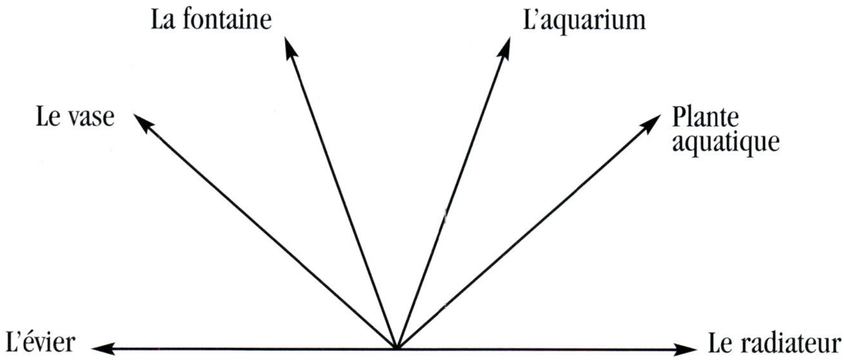

Conseils de décoration

- Une fontaine qui laisse l'eau ruisseler sur de petits cailloux polis.
- Un aquarium avec générateur d'oxygène.
- Quelques fleurs larges et plates dont on a coupé la tige agrémentent un large plat transformé pour l'occasion en bassin intérieur.
- Côté jardin, chanceux sont ceux qui possèdent encore rivière, puits ou fontaine. L'arrosage automatique ayant remplacé l'arrosoir en zinc. Ne jamais installer votre entrée devant une source d'eau.

b) LE BOIS

La branche au vert feuillage symbolise le renouveau. Sa sève est un concentré d'énergie génératrice de futures pousses. Mais la branche est liée au tronc d'arbre droit et solide, des racines au faîte. Il ne saurait fléchir aux intempéries ; c'est une question de nature.

A l'image du bois, le partisan des cabanes au Canada n'aura de cesse que l'aboutissement de ses projets. Toujours en activité, attentif à un monde en perpétuelle mutation, ses initiatives l'empêchent de tourner en rond.

Les enfants à l'imagination fertile peuvent se projeter dans l'avenir avec conviction et insouciance.

Néanmoins, il faut prendre garde à ne pas tomber dans l'excès qui mène à une grande instabilité.

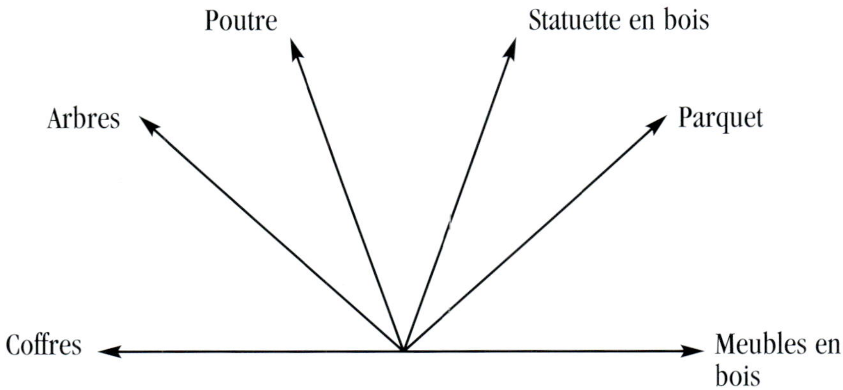

Conseils de décoration

- Les objets en bois “ ethniques ”, utiles dans leurs pays d'origine décorent nos intérieurs et portent le message de la matière brute qui nous assigne à vivre avec l'essentiel.
- Les outils et ustensiles déformés par l'empreinte de l'effort et du travail sont réalisés dans des bois spécifiques adaptés aux besoins.
- Un parquet digne du château de Versailles. Un masque africain ou un bonsaï, un brin d'exotisme à la maison.
- Des poutres au plafond mais pas trop cependant et surtout pas dans une chambre.

c) LE FEU

Le feu de la passion apporte chaleur, vitalité, expansion et créativité. Excessif, il devient inéluctablement dévastateur, violent et douloureux.

Si l'on attend du feu une ambiance propice à la méditation, aux confidences ou à l'émotion, on déposera une bougie dont la couleur et le parfum seront appropriés aux effets désirés.

Le feu symbolise également l'éclairage, la cuisson et la chaleur. Sa place évidente est bien sûr la cuisine, source parfaite pour la préparation des aliments même si votre cuisinière est électrique.

Pour chaque pièce, on étudiera l'emplacement adéquat de la source calorique car si une étincelle est propice à la révélation des sentiments, une illumination suscite des excès d'humeur allant de l'exaspération à l'anxiété en alternance.

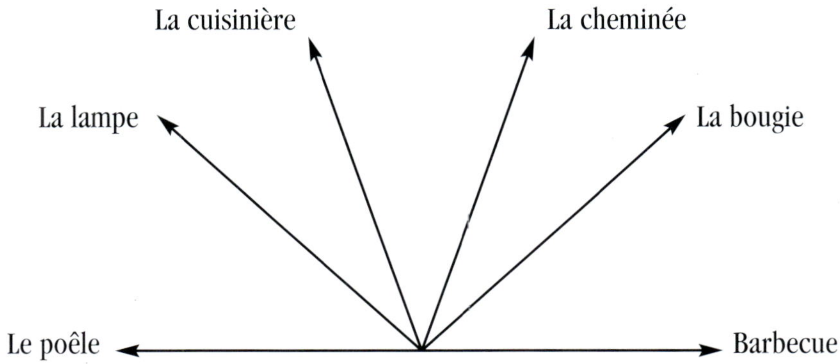

Conseils de décoration

- Il existe encore des artisans ciriers qui proposent toutes sortes de bougies. Les fines et longues se piquent dans du sable, de la terre ou un aliment alliant fermeté et densité. Les bougies monastère reposent sur des bases métalliques noires et massives. Les photophores aux verres colorés et décorés, posés ou suspendus, sont créateurs d'ambiance. Les grosses pièces permettent un éclairage rustique et se déclinent en différents styles que l'on retrouve dans les lanternes de calèche, des lustres médiévaux en forme de roue ou des chandeliers gothiques aux lignes épurées. Trente ans après leur apparition sur le marché, les lampes de cire nous laissent éblouis devant leurs bulles nonchalantes, aux effets psychédéliques.
- Le grand feu de la cheminée s'encadre de bandeaux acier, de briques rouges ou de marbres veinés. Utile et décoratif, il irradie sur toute la pièce, offrant un spectacle de sons et lumières. Celle-ci ne doit pas se situer dans la chambre. La cheminée dégage trop d'énergies Yang qui vous empêcheraient de dormir.
- À défaut de flamme, tissus et objets rouges ou oranges représenteront la zone feu.

d) LA TERRE

Retourner à la terre plus tôt que prévu justifie malgré les apparences un besoin de réserve et de sécurité. La terre rassasie et calme les anxieux, ceux qui un jour ont connu un manque. Placards et celliers débordent. Le contact avec la matière est rassurant. La terre représente la pérennité, la maternité et le retour aux sources.

A vouloir trop s'enraciner, on risque de se fixer dans un quotidien qui deviendra rapidement ennuyeux. Il faut savoir trier et jeter ou donner ce que vous n'utilisez plus.

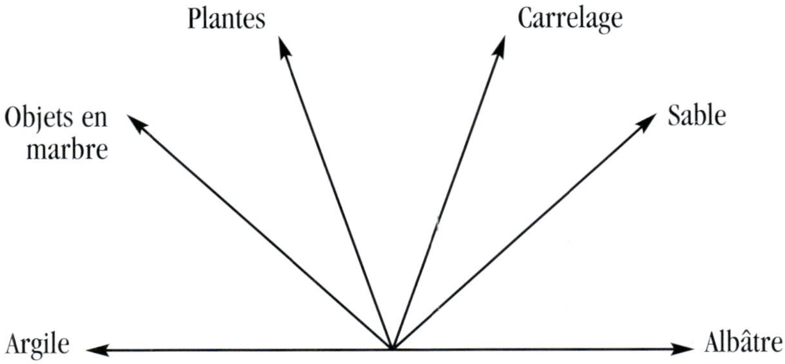

Conseils de décoration

- Les amateurs d'art apprécient les récipients en terre cuite : les vases d'albâtre égyptiens, les amphores et jarres méditerranéennes, les vases étrusques.
- Service à thé anglais, assiettes fines et jardinières en porcelaine de Sèvres affichent la transparence et la finesse.
- Le cendrier en céramique ou le vide-poche en granit affirment les points d'ancrage d'une zone comme un presse-papiers fixe les informations à conserver.
- Au sol : sable, ciment et carrelage font corps avec la terre.
- Mais la terre, c'est avant tout le jardin, les jardinières et les pots de fleurs

e) LE METAL

Les métaux ont servi initialement à la fabrication d'outils. Aujourd'hui, les outils ont changé mais ils restent un faire-valoir de sa richesse, de sa puissance ou de ses compétences ; le détenteur est le décisionnaire. Il organise et gère sa vie comme un plan épargne logement. L'organisation est de rigueur, la créativité n'y a pas sa place.

A force de vouloir trop se forger une image de dirigeant respectable, on risque d'effrayer et décourager les plus sensibles, les sentimentaux et les artistes en tout genre.

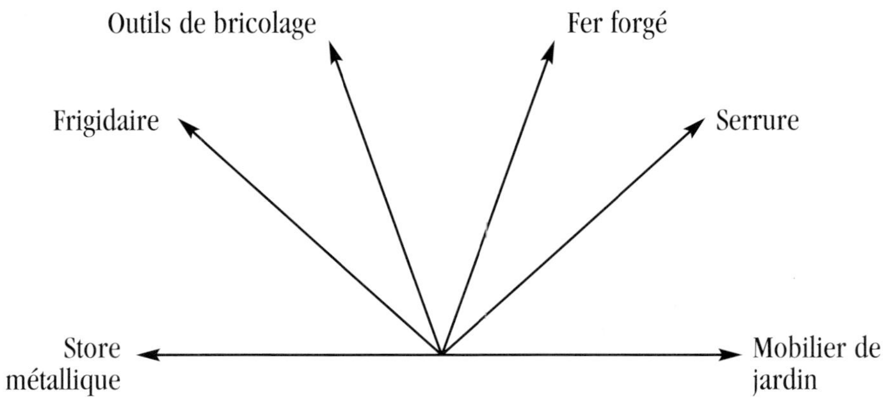

Conseils de décoration

- Auparavant utiles en extérieur en tant que chaise de jardin, arrosoir, seau, balançoire, les objets métalliques envahissent la maison, surtout l'inox dans la cuisine. Le fer forgé connaît un brillant retour, souvent associé à l'eau ou la lumière.
- La cuisine en recèle le plus grand nombre, du presse-ail au réfrigérateur congélateur. Modérez-en le nombre. Ajoutez surtout des couleurs Yang dans cette pièce pour stimuler votre créativité culinaire et votre appétit.
- En bordure de planches ou entièrement conçus dans le métal, bureau et étagères accueillent cet élément, symbole du travail. Le bureau est le lieu idéal.

3) LES CINQ ANIMAUX DU FENG SHUI

Dans la tradition chinoise, ces cinq animaux mythiques représentent non seulement une façon d'être et d'agir mais sont les constituants de notre personnalité. Pour le choix de l'implantation de votre maison, ils sont les fondements majeurs (voir chapitre La maison et son environnement).

Adapter leur symbolisme à notre environnement intérieur tout en respectant leur position dans l'espace, correspond à laisser entrer l'équilibre au sein du foyer.

Chaque animal indique les mouvements, l'énergie correspondante.

a) Le serpent

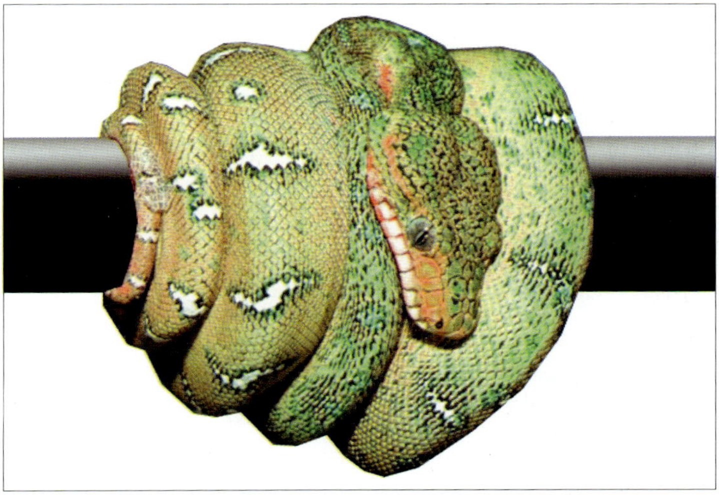

Situation géographique : dessous ou au centre.

Le serpent est le symbole de la stabilité. Corporellement, il se situe dans le corps humain du bassin à la plante des pieds. Il est la racine de notre être, le lien avec la terre et les forces telluriques. Le serpent évoque en nous tout ce que nous avons de certitudes. S'enroulant, il est notre meilleure protection par rapport aux influx directs de notre environnement. Évidemment, celui-ci se dresse avec fierté pour y loger notre ego. Véritable pivot, le serpent sert de charnière où s'articulent divers caractères. Lié à la matérialité, il assure la stabilité du pouvoir. Il est le point d'ancrage des quatre autres animaux. Il en synthétise les forces. Toucher aux fondements n'engendrerait qu'incohérence et confusion.

Conseils de décoration

- Le sous-sol d'une maison doit être aménagé en privilégiant le rangement.
- L'espace libre suffisamment éclairé offrira une aire de loisirs. Le revêtement des murs aux tons pastel amplifiera la luminosité.

b) Le dragon

Situation géographique : à gauche.

Le dragon est le symbole de l'intuition et de la création.

Corporellement, il se situe dans le bras gauche. Tout droit sorti des contes fantastiques, il répond à nos pulsions irrationnelles. Il évolue dans un monde le plus souvent artistique. Le dragon vibre suivant ses intuitions et séduit par ses attitudes féminines. Le cracheur de feu est l'image forte qu'il veut montrer pour mieux protéger sa sensibilité. C'est à ce prix qu'il défend son jardin zen secret où règnent équilibre et paix intérieurs. Le Phénix, grand manager de l'avenir, lui envoie des informations que le dragon traduit non dans le sens rationnel de l'être humain mais dans sa capacité à les exprimer émotionnellement.

Conseils de décoration

- Le dragon vert est lié au mouvement centrifuge et à l'énergie bois. Il symbolise la sérénité et l'ouverture d'esprit. Placez à cet endroit le mobilier de grande taille et les objets imposants.
- Une toile, un poème ou une broderie de votre main seront exposés sur le mur ouest de la pièce prédestinée.
- Au sol : un vase haut à glaïeuls, un porte-manteaux sur pied ou un lampadaire occuperont l'espace.

c) Le tigre

Situation géographique : à droite.

Le tigre est le symbole de la puissance et de la force. Corporellement, il se situe dans le bras droit. Cependant, il se veut discret pour privilégier l'effet de surprise. Le tigre se tapit, aux aguets. Vif comme l'éclair, majestueux comme le feu, il frappe avec force et assurance. D'une rudesse masculine, il soumet l'imprudent à son pouvoir. Mieux vaut canaliser sa puissance pour échapper à ses effets dévastateurs. Sa force nous défend des agressions et s'il côtoie le serpent en sa droite, le tigre maîtrise les forces matérielles.

Conseils de décoration

- Les meubles représentant le tigre doivent êtres agencés plus bas que le regard, au niveau du sol. Ventre à terre, le tigre blanc, aux couleurs du métal se fait discret. Son énergie suit un mouvement centripète de concentration. Table basse, tapis, poufs, coussins et objets décoratifs seront à vos pieds.

d) La tortue

Situation géographique : derrière.

La tortue est le symbole de la sécurité et de la continuité. Corporellement, elle se situe dans le dos. Son bouclier dorsal est une solide protection pour qui tente une attaque arrière. Son épaisse carapace la protège de tout assaut perfide. L'esprit libre et le regard fixé vers l'avenir, la tortue progresse à son rythme. Ne faut-il pas faire le dos rond pour laisser glisser les tourments de la vie ! On ne peut s'ouvrir aux autres qu'en étant soi-même et à l'abri des trahisons.

On craint davantage ce que l'on ne peut voir. Limitez l'espace et les ouvertures dans votre dos. La tortue de couleur bleu marine vous préserve par son énergie descendante.

Conseils de décoration

- Il faut protéger son dos et ses appuis en privilégiant une hauteur de dossiers élevée pour vos sièges. La chaise, en outre, sera orientée vers l'entrée des pièces et adossée à un mur ou un paravent. La carapace s'apparente également au revêtement des murs ainsi qu'à la toiture.

e) Le phénix

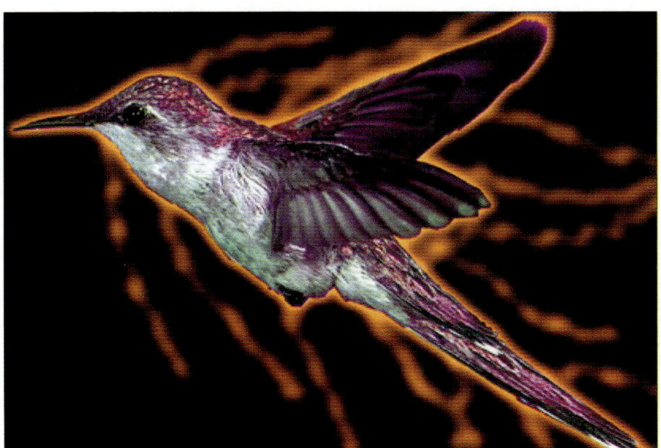

Situation géographique : devant.

Le phénix est le symbole de l'avenir, de l'éternité. Magnifique oiseau des hautes sphères, il est la connaissance du devenir. Il s'engage dans le chemin des sens et de l'intellect, mais nous ouvre la porte de la perception tout en évoluant dans des flux d'énergie aux courants variables. Le phénix est l'éclaireur et le messager de notre conscience. Il traduit nos cinq sens (odorat, toucher, ouie, vue, goût) vers une perspective concrète de nos projets. Plus sa zone est dégagée, plus l'avenir s'ouvrira pour nous, permettant la réalisation des buts que nous nous sommes fixés.

Cet aménagement nécessite un minimum d'espace, suffisamment large pour symboliser l'ouverture d'esprit et long pour pouvoir y dérouler ses plans dans l'évolution et la continuité.

Conseils de décoration

- Dégagez l'allée principale entre le portail et la maison.
- Libérez également l'espace entre la porte d'entrée et l'accès aux pièces.
- Bordures et décorations latérales sont les bienvenues à condition toutefois de laisser le chemin libre.

Le bestiaire symbolique se met en place quel que soit le lieu et indique les courants énergétiques. Il suffit d'adapter ses principes aux volumes qui nous entourent.

Le non-respect du bestiaire symbolique, l'absence de dragon génère lassitude et somnolence.

Si le tigre se redresse, il projettera son agressivité. Le "dompteur" aura perdu son pouvoir et deviendra le dominé.

D'une façon innée, on sollicite la protection de la tortue. Par exemple, une salle de restaurant est d'abord occupée dans ses angles, puis ses côtés et pour finir en son centre. Une zone libre libérant un angle de 90 ° provoque un sentiment de malaise et de maladresse.

Le manque d'espace devant nous fait fuir le phénix et avec lui notre altruisme.

En résumé

Une bonne protection dorsale, de gros volumes à gauche, de petits objets bas à droite et un panorama dégagé devant soi.

Placez-vous au centre de votre logement et recherchez l'empreinte de chaque animal autour de vous.

4) LES DIRECTIONS CARDINALES : LE LUO SHU

Les directions ou vibrations cardinales jouent un rôle prépondérant au même titre que la température et les courants aériens qui s'ajoutent aux énergies et à l'environnement.

Chaque pièce implique un effet psychologique identifié. En fonction de son vécu, on renforcera ou atténuera les interactions. Le Feng Shui aide à compenser les déséquilibres psychiques ou comportementaux. Déterminez l'orientation de vos fenêtres principales. Si elles sont à l'Ouest, vous risquez d'être contemplatif… même si la chambre doit être de préférence située à l'Ouest mais vous en saurez plus dans les chapitres pièce par pièce.

a) Le Nord

Animal : la tortue noire
Couleurs : bleu, noir, marron
Symbolisme : la pensée profonde
Élément : l'eau
Saison : l'hiver
Cycle : Yin profond

L'arrière de la maison, considérée comme zone à risques, a bien besoin de la protection de la tortue. Le Nord loge l'inconscient et l'irrationnel mais provoque en nous un mouvement de profonde réflexion voire de remise en question. Il est associé au froid donc au ralentissement de toutes formes de vie. Par conséquent, il réduit les activités sociales. Favorables à l'introversion et la concentration, les pièces situées au Nord sont des lieux propices au recueillement, à la concentration et au travail.

• Le pour : une fenêtre au Nord renforce les acquis, leur stabilité est enracinée. Les pièces favorables : bureau et bibliothèque.

• Le contre : si toutefois votre cuisine ou votre salle de bain occupent le versant nord, les tâches seront réalisées par nécessité et peu par plaisir. Plats sous vide réchauffés au four micro-ondes pour l'une ; douches rapides pour l'autre.

• Pour contrebalancer les effets négatifs :

Apportez une note Yang au décor, quelques touches de rouge.

Utilisez un diffuseur d'huiles essentielles, élément associé à l'Est, nettement moins austère.

b) Le Nord-Est

Couleur : vert
Symbolisme : la persévérance
Élément : la terre
Saison : fin de l'hiver
Cycle : fin du Yin

Le Nord-Est apporte l'espoir de voir se concrétiser de nouveaux projets ou d'entretenir de meilleures relations avec les autres. Si nous devons résister à une épreuve longue et pénible, dans une période d'incertitudes, la position Nord-Est peut nous aider à nous diriger vers un dessein plus précis. Cependant il faut œuvrer avec courage pour envisager un avenir meilleur ; c'est ce que véhicule cette orientation.

• Le pour : cette position Nord-Est peut dans certaines pièces renforcer l'ambition, la soif de réussir. Le bureau, la salle de séjour pour les relations professionnelles.

La pièce favorable : l'entrée, bouche du Chi pour évoluer.

• Le contre : la notion d'attente liée à cette situation géographique peut être vécue par certains comme une frustration et une période de profonde solitude. Une cuisine située au Nord-Est, un peu dans la pénombre, ne vous portera pas à réaliser de bons petits plats.

• Pour contrebalancer les effets négatifs :

Privilégiez une décoration orientée vers le haut : les plantes grimpantes, la lumière indirecte plus chaleureuse, des motifs évoquant un événement en genèse : fleurs en boutons, ventre rond... Chauffez votre maison à une température agréable tout en l'aérant le matin.

c) L'Est

Animal : dragon Vert
Couleur : verte
Symbolisme : l'optimisme, la vitalité
Élément : le grand-bois
Saison : le printemps
Cycle : début du cycle Yang

Le soleil se lève toujours à l'Est et charge notre corps d'énergie pour affronter la journée. Cette orientation engendre le renouveau, la renaissance de soi, le dynamisme retrouvé. Nous sommes prêts à affronter de nouveaux "challenges".

• Le pour : ouvrez la fenêtre ! Le vent d'Est vivifie. Il stimule la créativité et redonne de l'enthousiasme aux mélancoliques.

Les pièces favorables : salle de bains et chambre.

• Le contre : il faut prendre garde à une trop grande dispersion des idées ; mal canalisées, elles n'aboutiraient à rien. Par exemple, il vaut mieux éviter un séjour à l'Est qui vous donnerait plutôt le sentiment d'entretenir des relations superficielles. Les plus ardents se modéreront pour ne pas s'éparpiller dans cette explosion productrice.

• Pour contrebalancer les effets négatifs :

Renforcer l'élément Bois en installant des plantes vertes, des meubles ou objets en bois et comme l'eau nourrit le bois, n'hésitez pas à y poser une fontaine d'intérieur. Choisissez des tableaux ou photographies représentant des figures en mouvement.

d) Le Sud-Est

Couleur : rouge
Symbolisme : l'ambition
Élément : le petit-bois
Saison : le printemps dans son plein épanouissement
Cycle : cycle Yang

Le printemps tellement attendu surgit et le monde paraît plus beau. Difficile de résister à l'influence de cet envahissement végétal qui s'approprie l'espace. Pour répondre aux mêmes aspirations, on révèle ses formes et son bonheur.

• Le pour : le Sud-Est dans la cuisine est particulièrement bénéfique pour la santé. Les aliments préparés seront équilibrés.

Les pièces favorables : la salle à manger, la salle de bains, le bureau, la cuisine

• Le contre : on dépense sans compter idées, temps et argent pour refaire le monde. On force l'écoute par désir de plaire mais à trop en faire, ils nous trouveront superficiel et vaniteux. Qu'importe ! Ils reviendront.

• Pour contrebalancer les effets négatifs :

Embellissez votre table, pensez aux sets en bambou coloré ainsi qu'aux bouquets ronds de fleurs de saison cernés de feuilles ou piqués de branchages. Une traînée de paillettes et quelques cuivres reluisants seront dans le ton.

e) Le Sud

Animal : phénix Rouge
Couleur : rouge
Symbolisme : le plaisir
Élément : le feu
Saison : l'été
Cycle : cycle Yang profond.

Le phénix, oiseau du sud nous précède et s'en va propager notre bonne renommée. La chaleur agit sur la matière et sur nous-même.

Les rayons renforcent notre volonté et notre narcissisme. Ouvrons la porte et tentons l'impossible. Nous souhaitons obtenir de la reconnaissance.

• Le pour : la pièce orientée au Sud accueille chaleureusement ses invités. L'œil est attiré par les couleurs Yang : ocre, brique, rouge qui s'étalent sur des murs patinés. Pièces favorables : cuisine, entrée.

• Le contre : attention aux excès qui peuvent nous rendre irresponsable tant nous avons soif de légitimation.

• Pour contrebalancer les effets négatifs :

Quelques touches Yin de bleu ou vert dans ce champ de blé mûr sont nécessaires pour modérer son ego.

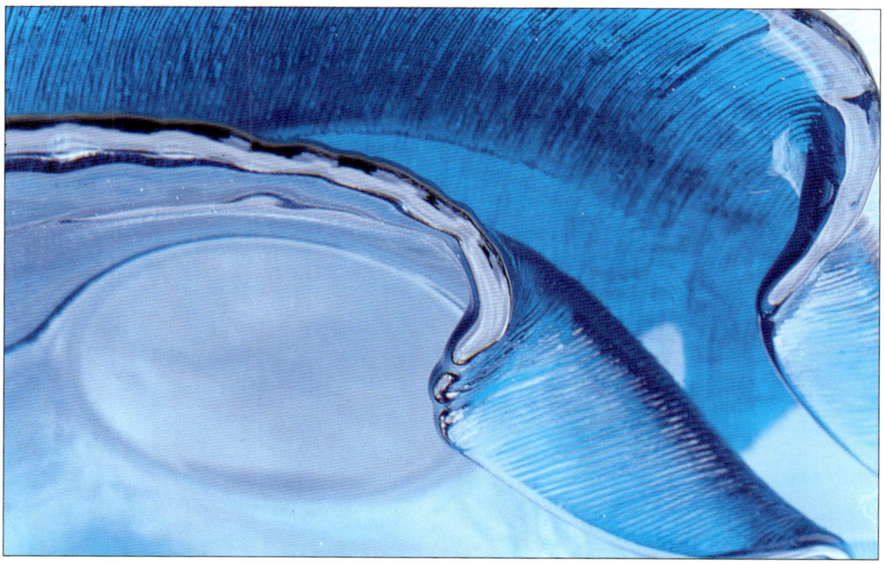

f) Le Sud-Ouest

Couleurs : rose pastel, orangé pâle, terra cota
Symbolisme : la plénitude
Élément : la grande terre
Saison : le milieu de l'été
Cycle : fin du cycle Yang

Fruits et légumes arrivent à maturité et la récolte est proche. Il est temps de dresser le bilan. Le devoir accompli, un sentiment de fierté mêlé de contentement vous envahit insensiblement. L'essentiel est à l'ordre du jour. Les sentiments sont plus profonds, on ne recherche pas seulement une image sociale mais des affections véritables comme la tendresse, la douceur ou le véritable amour. Moins dans l'apparence, les sentiments sont plus durables.

• Le pour : on envisage des investissements à long terme. On pense déjà à la transmission, alors autant choisir dans la gamme du beau et du durable. Ces pièces doivent être particulièrement confortables pour pouvoir se détendre. Pièces favorables : salon, cave.

• Le contre : nous pouvons être sujets à une légère angoisse du lendemain.

• Pour contrebalancer les effets négatifs :

Un fauteuil moelleux ou un transat de toile accueillera de plus doux rêves.

Une petite table en mosaïque et des meubles en bois.

g) L'Ouest

Animal : tigre blanc
Couleur : blanc
Symbolisme : l'achèvement, la remise en cause
Élément : le métal
Saison : l'automne
Cycle : début du Yin

L'automne symbolise la fin de la vie, les derniers moments que l'on fait durer pour mieux les apprécier. Feuilles rouges et couchers de soleil pour les romantiques, quête du silence et renoncement à la vitalité pour les fatalistes. L'apaisement vient de l'Ouest.

• Le pour : une remise à plat de votre vie privée ou professionnelle pour repartir sur de bonnes bases. Tout ce qui fut est synthétisé, digéré, pour vous permettre ensuite de lâcher ce qui n'est pas bon pour vous. Bien qu'il soit difficile de renoncer à une image et à certaines prétentions, c'est le prix à payer pour acquérir la pérennité voire la sagesse.

Pièces favorables : chambre, séjour, salle de bains, W.C. La vibration cardinale de l'Ouest semble la mieux adaptée à la chambre, lieu idéal de délassement et d'abandon. Côté déco, une petite plante grasse sur une mini-rocaille, le tout dans un cache-pot vert prairie.

• Le contre : trop de fenêtres principales à l'Ouest impliquent souvent de changer sa manière d'aimer, sa conception de la vie. Parfois peut naître le blues, voire la déprime liée à l'incertitude de nos valeurs.

• Pour contrebalancer les effets négatifs :

Les encadrements des portes colorés sur des murs clairs renforcent les points de passage. Comblez les angles d'objets décoratifs pour faciliter la circulation du Chi. Optez pour les voilages légers de teinte rouge ou orangée.

h) Le Nord-Ouest

Couleur blanc
Symbolisme : la responsabilité
Élément : le grand métal
Saison : début de l'hiver
Cycle : Yin

L'humidité et le froid pénètrent les corps et les maisons. Une attitude de repli sur soi répond naturellement à cette soudaine perturbation météorologique. Il va falloir se défendre. Les plus frileux vivent l'hiver comme une épreuve de survie, en solitaire.

• Le Pour : nous nous recentrons sur nous-même, nous réorganisons notre façon de travailler. Nous devons faire nos preuves. C'est une période où l'on ne peut compter que sur soi-même. Par cette orientation Nord-Ouest, nous nous focalisons sur la charge et les devoirs qui nous incombent.

Pièce favorable : chambre.

On s'engage dans des réflexions philosophiques, ésotériques et religieuses dans une ambiance solennelle pouvant devenir vite pesante.

• Le contre : les nouveaux projets auront tendance à ne pas avancer et rester au stade même de la conception. Nous pouvons ressentir un extrême sentiment de lassitude.

• Pour contrebalancer les effets négatifs :

Régénérez le Chi en diffusant la lumière en différents points. Dans la pièce, de la musique rythmée réchauffera un peu l'ambiance. Quelques éclats de couleur vive, des œuvres ou représentations très tendance, des plantes grimpantes seront autant de clignotants pour ne pas sombrer dans l'isolement et la fatigue.

Il va bientôt être temps de préparer bloc, crayon, boussole et Ba-Gua afin de connaître l'orientation de chaque pièce. Prévoyez de petits changements dans la décoration ou un grand bouleversement dans l'aménagement et la distribution des pièces.

5) LE TAO

Le Tao ou Dao se traduit littéralement par chemin. Il est la voie du juste milieu.

C'est un principe universel, un paradigme philosophique chinois qui régit les rapports humains dans leur milieu naturel jusque dans l'univers.

Lao-Tseu, grand métaphysicien, a rédigé en ancien chinois les fondements du Tao Te Ching dont les principes essentiels sont :

- Résoudre tout conflit pacifiquement,
- Ne pas dépenser de l'énergie inutilement,
- Tout acte généreux n'exige aucune reconnaissance,
- Vivre simplement,
- Recourir à l'intuition lorsque la cognition a atteint ses limites,
- Apprendre et rester humble,
- En chaque élément, il y a une double polarité (principe cher au professeur Ohsawa).

Le Tao est fondé sur le symbolisme du Taiji (pivot), principe de la complémentarité du Yin et du Yang dont le dynamisme se retrouve dans les mouvements circulaires ininterrompus du Tai Chi Chuan.

Pour aborder la logique universelle de l'ordre de l'univers, le Maître l'exprimait par cette formule : "*la constance de l'inconstance*". 2500 ans plus tard, la théorie du Chaos proclame "*de l'ordre dans le désordre*" se basant sur le fait que le déséquilibre aboutit à une nouvelle cohérence.

a) Le siège du Tao : le cœur de la maison

Il est surprenant de voir que nous acceptons aisément les influences collectives émanant de notre quartier alors que certains semblent encore incrédules vis-à-vis de l'influence directe des objets qui nous entourent.

Répondre au Tao, c'est rétablir l'équilibre en son centre affectif : le foyer.

Pourtant, certains, bien qu'avisés, ne souhaitent pas faire de transformations, pour une raison karmique ou pour ne pas modifier une destinée qu'ils se sont appropriée.

Le Feng Shui, à travers le Tao, harmonise les énergies d'une façon telle qu'elle crée une réaction positive en chaîne. Les "ressentis", positifs ou négatifs, ont tendance à se propager et contaminer son entourage privé ou professionnel. Exprimer de l'agressivité envers son interlocuteur, c'est s'attendre, de sa part, à une violence verbale ou physique en retour. Au contraire, lorsque l'on vit Feng Shui, la communication, voire la communion occasionne des projets, des rencontres et des contrats.

Inutile de découper rageusement une pièce de puzzle afin qu'elle s'adapte en force. Chercher, déplacer les éléments en place afin que toutes les pièces s'emboîtent sans effort et que l'ensemble forme une représentation attrayante.

b) Le centre du Tao

Dans le meilleur des cas, c'est une zone libre d'accès, jamais encombrée dans chacune de vos pièces, le centre devant être dégagé.

Ni feu, ni eau.

On évite la cheminée centrale comme il en existe aujourd'hui.

Éloignez les toilettes, bains, douche et tuyauteries dont les écoulements s'orientent vers les égouts.

N'installez pas votre pôle de cuisson au milieu de votre cuisine.

Privilégiez l'éclatement multidirectionnel, tel un feu d'artifice tant par la lumière grâce à des cristaux non pointus, par l'eau d'une fontaine ou par un parfum. Tout objet d'art au mouvement ascendant sera du meilleur effet.

Autrefois en Chine, le maître en Feng Shui ne partageait son pouvoir qu'avec quelques disciples. Il était considéré comme l'un des notables de la ville. Depuis l'immigration d'une communauté chinoise, fin du XIXe siècle, aux États-Unis, le Feng Shui dévoile peu à peu ses mystères. Une école, créée en 1986 a dispensé son enseignement aux élèves de toutes origines. L'engouement fut tel que le mouvement s'étendit jusqu'en Océanie et en Europe.

Les notions du Feng Shui sont universelles :

- Le Yin et le Yang, dualité et complémentarité,
- Le 'Chi ou souffle divin,
- La Tao apparenté aux religions monothéistes,
- Les points cardinaux,
- Les 5 éléments (4 en Occident).

Le Feng Shui a dû adapter ses pratiques en fonction des cultures. Histoire, religions, traditions et modes de vie sont les seules véritables dichotomies de l'humanité.

6) LE ‘CHI

a) Le souffle du dragon

Le ‘Chi (prononcez Tchi) est l’énergie invisible qui circule autour et en nous, dans tous les lieux où nous y avons laissé nos empreintes physiques et psychologiques. Jusqu’aux influences planétaires étudiées en astrologie, le ‘Chi vibre et propulse sa puissance par des liens subtils.

Considéré comme une force de la nature, une puissance divine ou l’éther de la vie, sa dénomination dépend de notre culture.

Le ‘Chi imprègne l’atmosphère, amplifie les champs magnétiques et “ surdimensionne ” notre aura. L’acuponcture se pratique par impacts sur ses réseaux. Les arts martiaux le canalisent et l’orientent dans une mouvance plus ou moins violente.

b) Les fils du ‘Chi

Contrairement à l’ombre, le ‘Chi ne suit pas le corps mais en émane. Les fils du ‘Chi nous relient aux objets qui nous entourent comme des tentacules imaginaires qui s’affineraient avec la distance tout en restant présents. Pareil à un parfum, il nous renvoie à une personne, à ses émotions, son caractère et sa nature.

Si l’on pénètre dans l’appartement d’une personne absente, dans un premier temps on fait front à une masse énergétique étrangère. On s’y glisse puis, progressivement, on se l’approprie. Les objets nous parlent, l’aménagement nous donne des indices, les couleurs trahissent l’état d’esprit du locataire. On sent, on touche, notre ‘Chi se fond au ‘Chi ambiant.

c) Le ‘Chi multi vibratoire

Il se charge de toutes les vibrations du son et de la lumière, des matières et des êtres vivants. Cette coulée incolore épouse les contours des objets rencontrés.

Les vibrations diffèrent en fonction des matériaux atteints. Le bois et la pierre renvoient davantage d'énergie que le béton ou le plastique.

Il faut éviter les vibrations négatives. Pour cela, on se gardera donc de conserver des déchets alimentaires dans la maison ou devant la porte d'entrée. On veillera à assainir l'atmosphère par des plantes, des fleurs, des huiles essentielles, des bougies, des parfums ou du papier d'Arménie surtout lorsqu'une personne malade occupe les lieux. L'eau des vases sera régulièrement renouvelée. Fruits et légumes ne seront pas délaissés au fond des corbeilles ou cagettes.

Quant aux vibrations personnelles des amis, de la famille, ou des gens de passage, elles envahissent l'espace et restituent leurs humeurs et leur tempérament. Les personnes qui ont vécu dans les mêmes lieux, à différentes époques, laissent des fragments de leur passage perçus comme esprit de la maison.

Superstition ou tradition : on ne rentre pas directement du cimetière à son domicile sans passer par un lieu transitoire. Du point de vue Feng Shui, le 'Chi du monde des morts apporterait des ondes négatives dans la maison.

d) La circulation du 'Chi

Le 'Chi pénètre dans la maison, principalement par la porte d'entrée appelée la bouche du 'Chi. D'intensité et de qualité variable, il s'adapte au paysage en se fondant aux reliefs. Il se niche dans tous les renfoncements et produit un effet boomerang sur les miroirs ou les angles.

Le 'Chi envahit le logement. Il surfe sur la moquette pour enlacer le guéridon. Il s'abandonne quelques temps sur les coussins alvéolés du canapé, repart et s'en va léviter sur la flamme du chandelier.

e) Le Sha (ou Shar)

Le Sha est l'énergie stagnante du 'Chi, générant des ondes négatives. Il s'agit de zones d'immobilisation que l'on peut trouver entre des éléments de mobilier composés en U, dans des recoins encombrés et poussiéreux, dans des angles obturés par des meubles installés transversalement ou dans des zones peu ou pas éclairés, comme sous un escalier. Les statues imposantes ne doivent pas être situées au centre de la pièce. Le Sha se répercute dans tous les recoins.

Le Sha s'infiltre dans les renfoncements, fourmille dans les fonds de verre, amidonne les fibres et les matières inertes. Il alourdit l'espace vibratoire et ceux qui l'occupent.

La cave, lieu d'appréhension et d'angoisse pour beaucoup, cumule la pénombre, la saleté, le manque d'aération, l'isolement phonique et visuel, souvent l'humidité et le froid. Le royaume du Sha se trouve au niveau moins un.

Une maison qui est implantée au point d'intersection de deux rues perpendiculaires reçoit la flèche Sha.

Les flèches du Sha

Il n'existe pas de lignes droites dans la nature. Elles sont la création de l'homme. Les structures rectilignes se trouvent plus particulièrement au sein des agglomérations : tours, barres d'immeubles, routes, chemins de fer, canaux, fils électriques.

Lorsque le 'Chi ne rencontre aucun obstacle sur son chemin, il s'intensifie, prend de la vitesse et devient irritant. C'est donc avec force que le 'Chi entre dans une maison située au fond d'une impasse. Cette énergie négative est appelée flèche de Sha.

Il est idéalement indispensable d'agencer votre appartement ou votre maison aux uniques fins de maintenir efficacement le déplacement du 'Chi, mouvements d'énergie positive et de réduire en conséquence les mauvais effets du Sha.

7) LE BA GUA OU LE PA KUA.

Le Ba Gua est l'indispensable instrument du Feng Shui. Il condense, sous la forme très symbolique d'une rose des vents à huit directions, la connaissance voire la maîtrise du Yin et du Yang. Ces trigrammes, leurs interactions, leur symbolisme sont utilisés pour analyser la qualité du 'Chi (Qi).

De forme octogonale, cette carte qu'est le Ba Gua signifie les 8 Trigrammes et correspond aux quatre points cardinaux de la boussole et aux quatre inter directions. Chaque trigramme est composé de trois traits, Yin (fracturé) ou Yang (plein).

A chaque direction sont reliés les propriétés et caractéristiques du trigramme : saisons, éléments, couleurs, directions, situations géographiques, planètes, qualités et défauts, ainsi qu'un chiffre, le Kua ou le Gua. Ce chiffre se détermine par rapport à l'année lunaire de votre naissance.

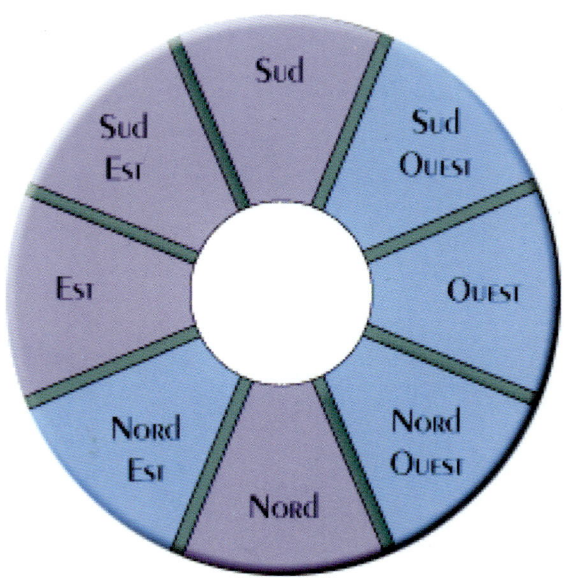

Votre chiffre Kua ou Gua

La meilleure façon de commencer à améliorer votre habitat, façon Feng Shui, est de connaître les quatre zones qui sont les plus bénéfiques pour vous, quelle que soit la pièce où vous êtes. Chaque pièce ainsi valorisée, la cuisine, la chambre ou la salle de bains par exemple vous apportera plus de bonheur et vous protégera des mauvaises ondes. Pour cela, il vous d'abord calculer votre chiffre Kua ou Gua.

Le Kua définit :

- Votre élément, terre, eau, bois, feu ou métal,

- Les caractéristiques de votre personnalité,

- Votre équilibre par rapport à l'environnement (personnes, objets...).

Calcul du chiffre kua

Comment le calculer ?

Pour les femmes :

1°) Additionnez les deux derniers chiffres de votre année de naissance.

2°) Si le nombre que vous obtenez est à deux chiffres (12 par exemple), additionnez-les à nouveau (1 + 2 = 3).

3°) À ce nombre, ajoutez + 5 (3 + 5 = 8).

4°) Si le nombre que vous obtenez est à deux chiffres, additionnez-les à nouveau.

Exemple

Vous êtes née en 1965

1) 6 + 5 = 11

2) 1 + 1 = 2

3) 5 + 2 = 7

Votre nombre Kua est le 7.

Autre exemple

Vous êtes née en 1989

1) 8 + 9 = 17

2) 1 + 7 = 8

3) 5 + 8 = 13

4) 1 + 3 = 4

Votre nombre Kua est le 4.

Pour celles qui sont nées après l'année 2002, ajouter 6 et non plus 5.

Si le chiffre Kua établi est 5, il change en 8 pour les femmes.

Comment le calculer ?

<u>Pour les hommes :</u>

1) Additionnez les deux derniers chiffres de votre année de naissance.

2°) Si le nombre que vous obtenez est à deux chiffres (12 par exemple), additionnez-les à nouveau (1 + 2 = 3).

3) À ce nombre, soustrayez 10 - résultat de la réduction (10 - 3 = 7).

Exemple :

Vous êtes né en 1987

1) 8 + 7 = 15

2) 1 + 5 = 6

3) 10 - 6 = 4

Votre nombre Kua est le 4.

Autre exemple

Vous êtes né en 1975

1) 7 + 5 = 12

2) 1 + 2 = 3

3) 10 - 3 = 7

Votre nombre Kua est le 7.

Si le chiffre Kua établi est 5, il change en 2 pour les hommes.

Pour ceux qui sont nés après l'an 2002, retranchez le 9 au lieu du 10.

Sexe masculin ou féminin, si votre date de naissance se situe en début d'année, (nés entre le 1er janvier et le 3 février), vous devez calculer en fonction de l'année précédente. Le plus simple est d'utiliser le calendrier chinois pour obtenir votre année lunaire de naissance sans erreur.

Correspondance des éléments :

Chiffre Kua 1 : élément eau

Chiffre Kua 2 : élément terre

Chiffre Kua 3 : élément bois

Chiffre Kua 4 : élément bois

Chiffre Kua 5 : devient le 2 pour les hommes, le 8 pour les femmes, élément terre

Chiffre Kua 6 : élément métal

Chiffre Kua 7 : élément métal

Chiffre Kua 8 : élément terre

Chiffre Kua 9 : élément feu

a) Les caractéristiques de votre personnalité

Les personnalités " Eau " sont d'une grande sensibilité. La communication est leur point fort, celle-ci se faisant de façon intelligente. Cependant, elles sont difficilement maniables, plutôt têtues et peu cernables.

Les personnalités " Terre " sont des fidèles. Leur amitié est inébranlable. Plutôt diplomates, animées de valeurs liées à l'humanité, elles se trouvent souvent une vocation, celle d'aider les autres. Vous les retrouvez généralement dans des métiers liés à la santé.

Les personnalités " Bois " sont particulièrement conviviales. Dotées d'un grand pouvoir de création et d'un optimisme à toute épreuve, elles abattent des montagnes. Cependant elles sont plus que têtues et détestent être dirigées.

Les personnalités " Métal " relèvent du self-contrôle. Dirigistes, surveillant et contrôlant tout ce qui les entoure, rien n'arrive au hasard avec eux. Cependant, ils peuvent être méticuleux à l'extrême et peu sociables. Leur propos parfois dépasse les bornes de la bienséance.

Les personnalités " Feu ", comme vous pouvez le deviner, sont " tout feu, tout flamme ". Elles sont pleines d'énergies et de dynamisme. Cependant, elles ne supportent pas la solitude et fuit l'ennui. Soucieuses d'elles-mêmes, elles en oublient parfois les autres.

Votre équilibre par rapport à l'environnement

Votre Kua a ainsi déterminé votre propre énergie. À cette énergie, correspond une direction favorable. Il y en a deux dans le Feng Shui : les maisons de l'Est et les maisons de l'Ouest. Les personnes d'une même maison se ressemblent, donc s'assemblent. Elles ont en effet les mêmes directions bénéfiques et hostiles.

Si vous êtes une personne appartenant aux maisons Ouest, vos quatre directions favorables sont l'Ouest, le Sud-Ouest, le Nord-Ouest et le Nord et vos quatre directions défavorables sont le Nord, le Sud, l'Est et le Sud-Est.

Si vous êtes une personne appartenant aux maisons Est, vos quatre directions favorables sont le Sud-Est, l'Est, le Sud et le Nord et vos quatre directions défavorables l'Ouest, le Nord-Est, le Nord-Ouest et le Sud-Ouest.

b) La symbolique du Ba-Gua

Pour délimiter les zones correctement, prenez la carte Ba-Gua (à découper à la fin du livre) et placez-vous dans l'entrée de votre habitation puis à chaque entrée de vos différentes pièces.

- **Zone Réputation**

Milieu du mur face à la porte quand vous entrez, élément majeur, le feu, couleur majeure, le rouge.

Comment vous imaginent les autres ? C'est essentiellement l'idée donc l'apparence que vous donnez aux personnes étrangères à votre foyer, qu'ils soient des amis ou des relations professionnelles. Dans la maison, c'est une zone essentielle. C'est la première zone à rééquilibrer car même si les autres zones laissent à désirer, celle-ci vous permettra déjà de vous sentir mieux.

Conseils de décoration

L'élément feu est primordial. Faites entrer le soleil, sinon la lumière artificielle comme les lampes, les bougies ou faites un bon feu de cheminée. Coussins, jetés de canapé, nappes, jouez sur les couleurs rouge, doré ou bordeaux. Meubles et objets brillants ou laqués. Sur vos murs, accrochez vos diplômes.

À proscrire : l'eau croupie, les plantes ou fleurs fanées, la poubelle... D'une certaine manière, tout ce que, naturellement, on cache à ses invités, comme le linge sale... Évidemment, ces pièces ne sont pas en désordre.

Les pièces concernées : entrée, salon, bureau, salle à manger.

• Zone Carrière

Milieu du mur comportant la porte ; élément majeur, l'eau ; couleur majeure, le noir.

La zone Carrière représente la profession, les promotions possibles et tout ce qui s'y raccorde, votre force de travail, votre constance dans le travail aussi. Pour votre foyer, c'est synonyme de stabilité et de sécurité.

Conseils de décoration

La pierre est le matériau favorable. Marbre au sol, divers petits objets en pierre comme des roches, des cristaux, des statuettes... Privilégiez les meubles anciens, fouinez chez les antiquaires. Sur vos murs, apposez une bibliothèque et installez un tableau ou une photo représentant une montagne.

À proscrire : tout ce qui est mouvant, comme les images de volcan, surtout en éruption ou la mer et les bateaux. Ne mettez pas d'horloge, source de stress qui entraîne une déperdition de la concentration.

Les pièces concernées : bureau, salon.

• Zone Amour

Angle du tiers droit du mur face à la porte et du tiers gauche du mur à droite de la porte. Élément majeur, la grande terre ; couleur majeure, le rose.

Cette zone représente évidemment l'amour mais aussi l'amitié profonde et durable. Elle ne s'aménage pas de la même manière si vous êtes célibataire ou marié depuis des lustres…

Conseils de décoration

Choisissez les duos, deux bougies par exemple et de couleurs rose rouge, la passion par excellence, jaune et blanc. Les chandeliers et bibelots par deux aussi.

À proscrire : toutes représentations de solitude, les fleurs séchées, les cactus.

La pièce concernée : la chambre.

- **Zone Richesse**

Angle du tiers gauche du mur face à la porte et du tiers droit du mur à gauche de la porte. Élément majeur, le petit-bois ; couleurs majeures, le pourpre, vert, rouge.

Vos richesses, biens immobiliers, argent liquide, objets de grande valeur...

En Feng Shui, l'eau c'est l'argent. L'eau l'amène ou le retire. Les toilettes et toutes formes d'évacuation d'eau sont absolument interdites dans cette zone.

Conseils de décoration

Un aquarium, une petite fontaine ou simplement une coupelle remplie d'eau à changer tous les jours. Une plante aux feuilles rondes : une plante en pleine croissance d'où poussent régulièrement de jeunes feuilles. Une coupe de fruits avec notamment du raisin.

À proscrire : toute représentation du vide donc du manque : vase ou bouteille vide. Et toute représentation de fin : la plante morte ou les poubelles. À déconseiller aussi dans cette pièce, la télévision.

Les pièces concernées : le séjour, le bureau et la salle à manger.

- **Zone Enfants**

Milieu du mur droit par rapport à la porte, élément majeur, le petit métal ; couleur majeure, le blanc.

Ce sont vos enfants, leur apprentissage, bref leur parcours enrichissant, épanouissant ou non.

Symbole de la jeunesse, de la renaissance ; si vos enfants ont des dons de création, soignez-en la décoration.

Conseils de décoration

Un calendrier ou toutes imageries qui représentent le printemps, la croissance, le ciel synonyme de liberté, leurs dessins, leurs créations.

À proscrire : la mort et la violence, évident. Mais aussi tout ce qui est en voie de disparaître comme les images de l'hiver ou de coucher de soleil. À éviter la télévision.

Les pièces concernées : la chambre des enfants, le salon, la cuisine.

- **Zone Santé et Famille**

Milieu du mur gauche par rapport à la porte, élément majeur, le grand-bois ; couleur majeure, le vert.

Le passé, les ascendants familiaux mais aussi la santé.

Conseils de décoration

Tout ce qui se garde à long terme comme vos conserves, vos pots de confiture. Ajoutez une plante verte en pleine croissance et des fruits.

À proscrire : les symboles de mort et de vides et tous objets métalliques visibles. Rangez vos couteaux dans un tiroir. À éviter, la télévision, le four à micro-ondes.

Les pièces concernées : salon, salle à manger, cuisine, salle de bains.

- **Zone Aide Extérieure et Communication**

Angle du tiers droit du mur à droite de la porte et du tiers du mur contenant la porte, élément majeur, le grand métal ; couleur majeure, le gris.

Les relations sociales, vos évolutions, le changement.

Conseils de décoration

Tout ce qui symbolise l'ouverture sur le monde : image et objet de vos voyages, mappemonde, téléphone, ordinateur.

À proscrire : ce qui ressemble à des espaces désertiques ou à une forme de violence.

Les pièces concernées : salon, bureau, salle à manger.

- **Zone Connaissance**

Angle du tiers gauche du mur de droite par rapport à la porte et du mur contenant la porte, élément majeur, la petite terre ; couleurs majeures, le vert, le noir, le bleu nuit.

Sagesse, savoir et spiritualité.

Conseils de décoration

Une bibliothèque, une symbolisation de l'univers, une représentation de toute personne de qui vous avez à apprendre, votre Pygmalion.

À proscrire les représentations signifiant le vide, la fermeture, l'intolérance (évitez que la porte soit close) ...

Les pièces concernées : le bureau, le salon. Le bureau étant souvent dans la chambre, séparez la zone travail de celle consacrée au sommeil.

Il existe plusieurs écoles de Feng Shui. Deux sont le plus souvent utilisées dont l'école de la Boussole qui permet de trouver très précisément la direction de la porte par rapport aux degrés indiqués dessus. Le Nord, dans ce cas n'est pas systématiquement aligné sur la porte d'entrée. C'est celle-ci que nous avons choisie.

Une fois votre Kua et directions favorables connues, il ne vous restera plus qu'à vous munir de votre boussole et de votre carte du Ba Gua que vous ne manquerez pas d'acquérir.

Pour délimiter les zones correctement, prenez la carte Ba-Gua et placez-vous dans l'entrée de votre habitation puis à chaque entrée de vos différentes pièces.

c) Comment se servir du Ba-Gua ?

1. Connaître grâce à la boussole l'orientation de la pièce choisie.
2. Placer le Ba-Gua en fonction de la direction déterminée.
3. Repérer les zones du carré magique.
4. Opérer les changements à effectuer dans la zone souhaitée, selon le but recherché.

Exemple :

1. Je me place à l'entrée du salon et la boussole m'indique qu'il est orienté au nord.
2. Je tiens mon Ba-Gua à l'horizontal, le sud près du corps, le nord loin devant.
3. Je repère les zones : " Savoir " en haut à droite, " Mariage " en bas à gauche.
4. Je souhaite améliorer ma situation financière, je vais donc modifier la zone " Richesse " dans le 1er angle en rentrant à droite dans la pièce ; en l'absence d'angle, sur le mur droit, tout proche de l'entrée.

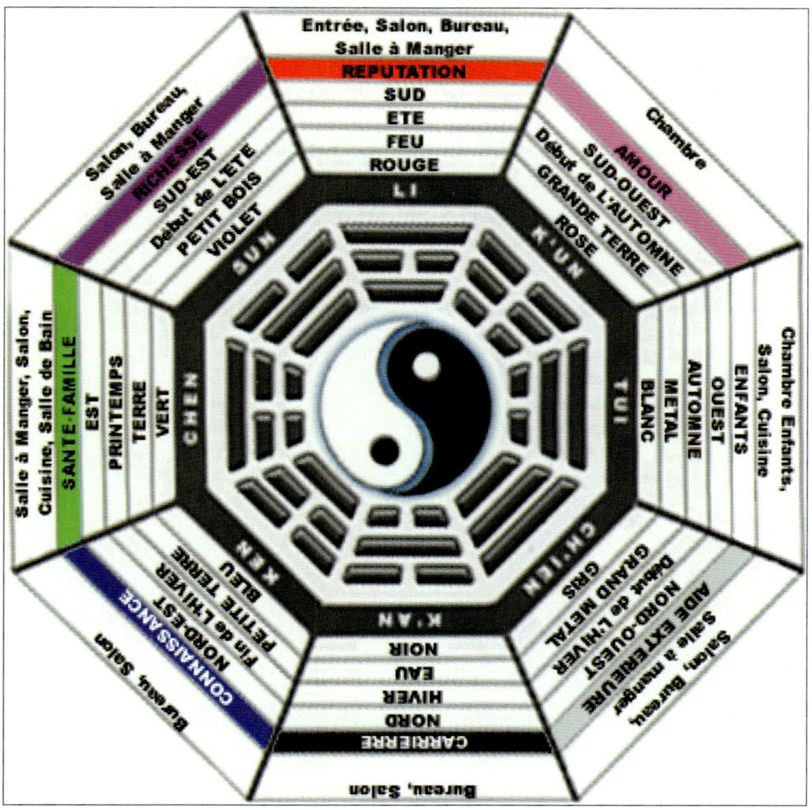

Chapitre II

L'ORGANISATION SYMBOLIQUE DE LA MAISON

Applications concrètes

Après avoir décrit les origines et les principes de base du Feng Shui, appliquons de façon concrète le Feng Shui dans notre maison.

Vous l'avez compris dans les précédents chapitres, les principes combinés Yin / Yang, des 5 éléments, du Ba Gua et du Luo Shu constituent la base de la pratique du Feng Shui. Il repose sur trois principes, l'influence du ciel bénéfique, la terre en harmonie, l'action humaine adaptée. Dans la pratique du Feng Shui, on considère qu'il existe quatre domaines d'intervention : l'Environnement, la Maison, la Personne, le Temps.

Une maison, ce sont des couleurs, des matières, des meubles et des objets, des sons et des odeurs vecteurs parfois d'un passé, d'une histoire qui composent une atmosphère particulière où l'on se sent bien ou pas. En premier lieu, le Feng Shui concerne l'emplacement de votre maison dans l'environnement, puis ses pièces car il existe des méthodes à appliquer absolument ou à proscrire, pour faire pénétrer des ondes favorables ou éviter de faire entrer des ondes défavorables.

Dans tous les coins et les recoins de notre maison, mille objets constituent notre environnement social et intime. Il faut donc se diriger vers le meilleur, éviter le pire. Le Feng Shui applique des règles basiques pour harmoniser son intérieur sans être un professionnel.

Règle 1

N'oubliez pas votre bon sens. Le Feng Shui n'est pas un remède miracle et dans votre vie, il n'impose pas d'en suivre tous les conseils au pied de la lettre. Si vous vous sentez bien dans une des pièces, il est inutile d'en modifier intégralement la conception parce que vous avez lu que dans telle pièce, la couleur bénéfique était le blanc. Il faut impérativement que vous respectiez votre personnalité. Ne changez l'ordre des choses dans les pièces que si vous le jugez utile et si vous le souhaitez.

Règle 2

Jetez par contre tout qui est cassé, fêlé ou abîmé. Tout ce qui ne vous sert plus à rien. Tout ce qui vous rappelle de mauvais souvenirs, comme les lettres de votre dernier amour, c'est le plus dur à faire. Faites comme Demi Moore qui a eu, elle, recours à un expert en Feng Shui pour éradiquer les énergies de Bruce Willis. Plus simple, moins onéreux, n'hésitez pas à jeter toute trace de passé négatif.

Règle 3

Votre belle-mère vous a offert un vase que vous n'aimez pas. Il ne faut pas le conserver dans vos placards.

Règle 4

Rangez, nettoyez, aérez. Vous en aurez les méthodes dans les chapitres suivants. Purifiez aussi si cela est nécessaire.

Règle 5

Ne changez pas tout d'un seul coup. Allez-y pas à pas. Constatez la différence. Vous vous sentez mieux, moins bien ? Car modifier un espace bouleverse toutes les énergies qui y circulent. Quelles choses ont changé dans votre vie ? Avez-vous trouvé l'amour, du travail depuis que vous avez mis du rose dans votre chambre ou changé votre bureau de place ? Allez à votre rythme.

Vous entrez dans la troisième dimension de la décoration : le bien-être.

1) LES COULEURS

Les couleurs sont un aspect de la décoration à utiliser avec nuance, certaines sont très énergisantes, d'autres plutôt lénifiantes. Site, lieu, pièce, objet décoratif, vêtement, bijou, maquillage... tout est couleur. Les couleurs suscitent des perspectives différentes sur le volume d'une pièce. La longueur, la largeur, la hauteur et la profondeur deviennent ainsi distinctes. Opter pour une certaine couleur implique de le prendre en compte pour vos murs, portes, plafonds, sols, fenêtres.

La taille :

Une petite pièce paraît un peu plus grande si elle est peinte dans une couleur monochrome claire ou uniquement en blanc. Plusieurs couleurs chaudes (rouge, orange, jaune) ou foncées réduisent visuellement une pièce mais donnent une note plus chaleureuse, plus intime (cuisine, salle à manger, salon). Les couleurs dites froides (bleu, vert, violet) agrandissent et sont liées à une atmosphère plus sereine, voire de méditation.

L'orientation :

Pour la réaction à la lumière naturelle et l'utilisation de chacune de vos pièces. Le blanc est la teinte la plus lumineuse. Des murs blancs mettent en valeur un objet, c'est donc à préconiser dans l'entrée. Les peintures brillantes reflètent la lumière. Les peintures mates la boivent et la couleur se discerne encore plus.

La hauteur :

Pour votre plafond, le niveau Ciel, en Feng Shui, veillez à optimiser l'effet de hauteur. Pour cela, il suffit de prendre une teinte plus claire que vos murs, l'idéal en blanc. La peinture de votre mur doit se réaliser du bas vers le haut. Il est conseillé de commencer par la teinte la plus foncée au sol et d'éclaircir au fur et à mesure. Si votre mur est monochrome, n'hésitez pas à peindre vos plinthes dans une teinte discrète et en harmonie avec votre mur mais un peu plus foncée.

a) Leurs symboliques

Le Feng Shui recommande une bonne application des couleurs pour atteindre l'harmonie. En Chine, chaque couleur a une concordance avec les organes du corps humain et à l'un de nos sens, le goût : le jaune ; la rate, le doux ; le vert, le foie ; l'aigre, le noir ; les reins, le salé ; le rouge, le cœur ; l'amer, le blanc ; les poumons, l'âcre.

Ainsi, les quatre animaux correspondent à une couleur.

Le Phénix Rouge, correspondance le Sud, requiert un domaine affranchi d'objets encombrants avec une perspective visuelle large... La Tortue Noire, correspondance le Nord, évoque la stabilité. Le Dragon Vert, correspondance l'Est, est la perspective de croissance, de développement personnel et professionnel... Quant au Tigre Blanc, correspondance l'Ouest, il active toutes les protections. Chaque symbole est ainsi coordonné avec une couleur qui facilite le mouvement du Chi et ses énergies en harmonisant l'environnement et l'habitation.

De façon générale, les couleurs chaudes et claires sont dans la partie Yang (Est et Sud). Les couleurs froides ou sombres, si on excepte le blanc, sont dans le secteur Yin (Ouest et Nord).

Cependant la concentration énergétique des couleurs peut varier. Le ton vert devient Yang (Est) lorsqu'il y a du blanc vécu Yin (Ouest). Ou bien avec l'association noir et blanc, le noir devient Yin et le blanc est Yang ! Compliqué. Tenez-vous en à la base.

Le jaune

En Chine, c'est la couleur impériale très respectée mais peu employée. Ses dérivés comme le safran, l'ocre, moins éclatants, moins agressifs sont par contre utilisés comme couleur du rayonnement. De petites touches pur jaune peuvent être disposées dans votre bureau, cela vous stimulera.

La couleur jaune du centre part vers la rate, la Terre est son symbole et son chiffre le 5.

Le bleu

Spirituellement le bleu, symbole de l'eau, figure la persévérance, le goût du perfectionnement donc de l'apprentissage et de l'évolution permanente. Couleur qui diminue le stress, il est idéal pour les pièces, servant aux études et au travail intellectuel ou littéraire. Cependant, mettez quelques teintes de rouge, orange ou jaune pour la stimulation. Si vous voulez que votre chambre matérialise le sentiment d'amour, évitez de la peindre en bleu, celui-ci engendre ainsi trop de réflexion, d'introspection.

Le bleu turquoise

Spirituellement le bleu turquoise figure la sérénité, la stabilité, la juste autorité tranquille. Dans la chambre des parents, cette couleur renforce la solidité du couple.

Le vert

Spirituellement le vert figure la végétation, sa renaissance et sa croissance, pour les hommes, la volonté d'entreprendre et l'apaisement. Le vert est bénéfique pour toutes les pièces particulièrement dans les chambres d'enfants et d'adolescents, un peu moins dans le bureau car il pourrait y avoir une perte d'efficacité.

La couleur verte de l'Est pénètre jusqu'au foie ; le Bois est son symbole et son chiffre le 8.

Le vert émeraude

Spirituellement le vert émeraude figure l'intelligence, les ressources de l'esprit, la ténacité. Idéal pour le bureau.

Le pourpre

Spirituellement le pourpre figure la maturité et l'autorité acquises par l'expérience. Idéal pour la chambre des parents et chambre des grands-parents.

Le violet

Spirituellement le violet figure la méditation et plus généralement les forces invisibles. Pour les Chinois, c'est la communication avec les esprits (Shen).

Dans toutes les pièces où vous devez réfléchir. Un peu dans une chambre car le violet favorise le calme.

Le rouge

Spirituellement le rouge figure la joie, l'opulence mais aussi la passion pouvant dépasser les limites jusqu'à des comportements agressifs. Ce n'est pas un hasard, si dans la nature, peu de choses sont rouges. Idéal dans le salon, sur la porte principale sous la forme d'une poignée en laque rouge ou d'un talisman. Utilisez-le avec modération et n'en mettez pas dans la chambre.

La couleur du Sud est le rouge, qui part directement au cœur ; le Feu est son symbole et son chiffre le 7.

L'orange

Spirituellement l'orange figure la santé. Dans une entrée comme objet décoratif, l'orange insuffle l'enthousiasme et annonce que vos amis sont bienvenus. Pour contrecarrer les effets Yin du Nord, vous pouvez rehausser votre décor de teintes orangées.

Le rose

Spirituellement, il figure la sérénité. Dérivé du rouge, il offre plus de calme et favorise le sommeil. Idéal, évidemment, les chambres. Choisissez des draps dans des roses pastel par exemple.

Le rose carmin

Spirituellement le rose carmin figure la sensualité, le contact charnel. Pour des amours réussis, une couette et des oreillers en rose carmin. Boudoirs ou salles de bains acceptent aussi cette couleur.

Le blanc

Spirituellement le blanc figure la pureté, la justice, la purification. Idéal pour l'entrée.

La couleur de l'Ouest, de l'Occident, est le blanc qui part aux poumons ; le Métal est son symbole et son chiffre le 9

Le gris

Spirituellement le gris figure la sagesse, la réflexion, l'expérience assimilée et retransmise positivement. Idéal dans les pièces où l'on souhaite réfléchir. Avec cette couleur, se marient aisément les œuvres d'art, les livres anciens dans une bibliothèque ou sur des étagères.

Le noir

Spirituellement Le noir figure l'intériorisation, le retour sur soi, l'humilité. Neutralisant toutes les autres couleurs, un excès de noir peut contribuer à la tristesse voire à la dépression. Il faut l'utiliser raisonnablement. Dans le salon, dans un bureau, une chambre d'enfant ou une salle à manger par touche. Le Feng Shui le remplace par des “ jeux d'ombres ”. Chez vous, les plantes, plus particulièrement le bambou, peut produire une ombre. Il faut pour cela installer un éclairage adéquat pour parvenir à “ l'ombre chinoise ”.... Certains meubles laqués noir sont rehaussés par des pierres de couleurs ou de la nacre.

La couleur du Nord est le noir qui part aux reins ; l'Eau est son symbole et son chiffre le 6.

L'or et l'argent,

Spirituellement l'or et l'argent figurent également l'opulence, la richesse. Cependant ces teintes sont difficiles à harmoniser, il faut de petites touches uniquement dans au moins deux pièces de la maison et dans la zone du Ba Gua appropriée.

b) Les mariages hostiles

Jaune et vert provoquent une sensation de malaise car le Bois (vert) se nourrit de la Terre (jaune)... Si vous aimez vraiment ces deux couleurs, le vert doit être nettement moindre.

Blanc et vert pas si facile car le Bois (vert) est tranché par le Métal (blanc). Le vert doit dominer le blanc. Dans la cuisine qui doit être de préférence blanche, les meubles de rangement doivent être d'un vert soutenu si vous voulez utiliser cette couleur.

Bleu et vert : le vert doit être en bas (Bois), le bleu est en haut (Ciel).

Noir et rouge, car l'Eau (noir) éteint le Feu (rouge). Âme stendhalienne, s'abstenir. Ces deux teintes provoquent violence et destruction.

Blanc et rouge car le Feu (rouge) fond le Métal (blanc)... mais du blanc avec un simple filet rouge devient alors possible. Pensez à un abat-jour ou un vase.

2) LES SYMBOLES

Les symboles sont des signes qui traduisent souvent des mises en garde : fables et récits mythologiques offrent une double interprétation aux initiés.

Ils nous informent des correspondances entre notre environnement et notre façon de vivre. Nous sommes conditionnés par ce qui nous entoure et nous affecte.

a) Quelques modifications suffisent à nous libérer

On reconnaît trois types de symboles :

- Les symboles universels qui apportent un message compris par tout le monde. Le savon représente la propreté ; le livre l'étude.
- Les symboles culturels qui sont significatifs pour une communauté. Les Francs-maçons ont une manière spécifique de se saluer.
- Les symboles personnels qui ne sont définis que par une personne ou une famille. Un jouet trouvé rappelle un lieu ou un moment à ceux qui l'ont connu.

Les relations symboliques établies dans la maison exercent une forte influence sur l'occupant qu'il en soit conscient ou non. Des corrélations existent entre l'environnement et l'appréhension de la vie d'une part, entre la maison et le corps physique d'autre part.

Un nouvel aménagement selon les règles Feng Shui conduit à modifier nos principes et notre comportement. Il s'agit de l'effet papillon.

Entretenons notre maison pour préserver notre santé.

Les trois points vitaux

Selon Maître Lin Yun, il existe trois points vitaux dans la maison à aménager avec savoir-faire :

- L'entrée qui a un impact sur nos relations avec le monde extérieur.
- La chambre, lieu de repos et d'harmonie pour une réussite personnelle. On y passe un tiers de notre vie.
- La cuisine qui nourrit les corps et participe à une bonne santé.

Les positions de gestion

- Le lit dont la disposition concourt au succès.
- Le bureau dont l'orientation favorise la réussite professionnelle.
- La cuisinière à insérer entre certains éléments de façon à conserver santé et argent.
- Le canapé qui invite à la détente et entretient la vie en société.

La pièce manquante

Faites approximativement le plan de votre logement. S'il ne correspond ni à un carré, ni à un rectangle, on considère qu'il existe des pièces manquantes. Prenez votre Ba Gua en faisant correspondre la porte d'entrée et identifiez la ou les zones absentes. Pour compenser le vide, on applique non loin des murs limitrophes des images ou objets en rapport à la partie invisible.

Par exemple, on voit sur le plan ci-dessous que la zone " Savoir " est absente. Bibliothèque, télévision, portrait d'une personnalité reconnue pour son intelligence trouveront leur place près des murs touchant la zone manquante (trait gras).

Peut-être aviez-vous remarqué auparavant des difficultés de concentration ou des troubles de la mémoire.

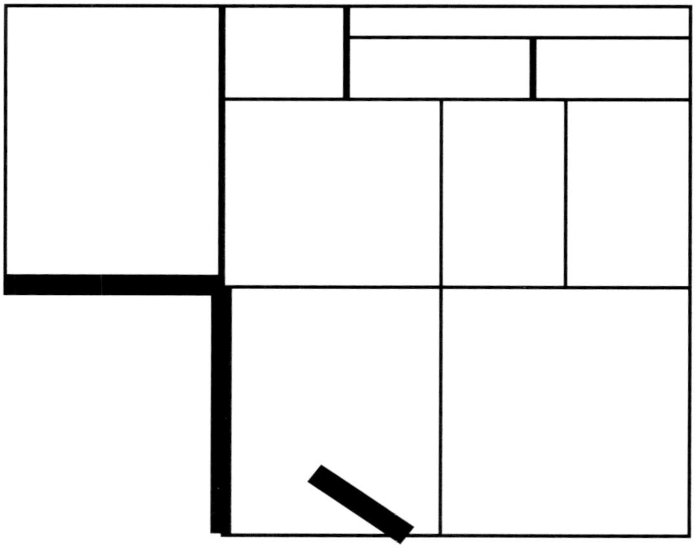

b) La maison, métaphore de son corps physique

Chaque partie du corps est représentée dans la maison.

La tête :

La façade et particulièrement l'entrée. Un lieu d'accueil chaleureux sera votre sourire.

Les yeux :

Les fenêtres aux vitres troubles et aux rideaux épais sont des barrières qui cachent une introversion. L'autre ne vous intéresse pas, qu'il en fasse autant.

La bouche, le goût, la voix :

La porte selon son style, son épaisseur, son matériau et ses fermetures révèle votre perception des choses. Celui qui se méfie de tout et ne se confie pratiquement jamais choisira une lourde porte avec entrebâilleur, verrou et œil.

42
78

Le corps dans sa totalité :

Le lit ne doit jamais rester caché car il a une influence sur tous les points vitaux.

Les poumons et les seins :

Les balcons et terrasses ne doivent pas servir de débarras. Laissez passer l'oxygène. Plantes et fleurs envahissantes appartiennent à ceux qui usent de leurs attraits physiques pour se mettre en avant.

La colonne vertébrale :

Le mur porteur est votre ossature ; ne laissez ni fissures, ni papier peint détérioré, ni humidité le mettre à mal.

Le système digestif :

La plomberie dont les canalisations sont obstruées, les joints jadis étanches ou les tuyaux recouverts de vert de gris ou habités de blattes et cafards sont un mauvais présage pour toutes les fonctions d'élimination.

Un vide-ordures cassé ou une poubelle laissée à terre dans la cuisine perturbent la digestion.

Le système lymphatique :

L'électricité symbolise l'énergie vitale. Nervosité, fatigue ou problèmes circulatoires sont les effets d'une mauvaise distribution de la lumière.

Le dos, la stature :

Le toit ou le plafond : on ne doit pas pratiquer d'ouvertures si elles n'ont pas été initialement conçues sous peine d'accident ou d'intervention chirurgicale. Ils nous protègent des forces célestes.

Le ventre :

Eléments associés, le buffet de cuisine et le réfrigérateur, tous les garde-manger sont des ventres. Sont-ils bien rangés ? Si les étagères débordent de victuailles, remarquez la classe d'aliments la plus présente. Fruits et légumes apportent de l'énergie, les sucres calment, les protéines rassasient.

La libido :

La literie recouvre le lit et révèle nos sentiments amoureux, allant du lit au carré des mariés sous contrat à la couette défaite. La couleur des couvertures et couettes n'est pas sans effet.

N'encombrez pas l'espace entre le sol et le sommier. Certains lits ont des tiroirs dans lesquels il est préférable de ranger des couvertures ou un autre matelas plutôt que d'y déposer des objets délaissés. Ces derniers occupent l'esprit et perturbent les relations.

La peau, les membres :

Les murs nous représentent tels que nous nous voyons : murs bruts ou plâtrés pour les gens sans compromis, les pierres pour ceux qui conjuguent labeur et peine, les surfaces lisses (peinture ou papier peint uni) pour les insouciants, les petits motifs et les reliefs pelucheux ou granuleux pour les chercheurs de petite bête et enfin les grands motifs et les asymétries pour les créatifs et ceux qui sont dévorés par leur ego.

Les fissures dans les murs correspondent à des problèmes articulaires.

L'image de soi :

Le mobilier et la décoration sont les vecteurs de l'image que l'on veut donner de soi-même.

c) La maison, métaphore de son état d'âme

L'esprit de famille :

Le feu crépite, la cheminée fume, le couvercle de la marmite vibre et les bougies et lampes créent l'ambiance. On aime se retrouver autour d'un foyer lumineux ou incandescent. On y est bien.

L'envie de dépenser :

L'eau représente l'argent. Les adeptes des douches interminables, des robinets mal serrés, des joints inchangés, de la vaisselle en cascade sont très certainement des personnes qui ont toujours une bonne raison de dépenser.

La spiritualité :

Le grenier et les objets religieux ou en rapport avec le recueillement, pouvant être lumineux, placés en hauteur ou sur pied, effilés dans un mouvement ascendant, dénotent une attirance pour le spirituel. Un carton sur une armoire, au contraire, révèle une pause ou une gêne dans ses relations avec Dieu.

Les mêmes objets placés au sol ou dans des niches marquent une recherche dans l'ésotérisme.

La peur de manquer :

La multitude d'objets trahit la peur de manquer et l'absence de confiance en soi, et ce dans différents domaines. Bagues et bracelets en nombre signifient " regardez-moi, j'existe ". Les placards emplis de nourriture rassurent quant aux lendemains incertains. Sans oublier les produits de toilette et maquillage qui explosent les trousses. On rassure notre esprit en constatant la vitalité de notre corps.

Le passé :

La cave recèle les épreuves vécues dans notre passé. Une forte humidité contribue à des problèmes de santé. Des infiltrations d'eau peuvent générer une précarité professionnelle ou un déséquilibre familial.

Celui qui aménage sa cave ou son sous-sol gère son passé pour mieux vivre son présent. Celui qui évite d'y descendre conserve de douloureux souvenirs qu'il ne souhaite ni aborder ni affronter. Celui qui y éprouve un sentiment de malaise nie son histoire pour occulter un sentiment de culpabilité.

Les disputes :

Les portes qui claquent symbolisent les disputes. Si une porte heurte la porte d'entrée, il s'agit d'une mésentente familiale. Si une porte aboutit sur un objet, ce dernier apporte un message. Par exemple, si la porte en s'ouvrant cogne une pendule, cela signifie que vous manquez de temps. Idem pour une pendule cassée.

La malchance :

Les objets défaillants, cassés, abîmés doivent être remplacés. Conservez une ampoule grillée, une assiette ébréchée, une pendule qui avance ou retarde... est signe de malchance. Ce qui doit être n'est pas ; on vit, dans ce cas, en décalage.

Le bon moment

Vous souhaitez effectuer des changements dans votre logement, recourir à un remède Feng Shui. Si vous désirez des résultats plus rapides et un impact plus fort, tenez compte des dates et heures bénéfiques :

- de 11 h à 13 h en plein jour,
- de 23 h à 1 h en pleine nuit,
- le jour de nouvelle lune,
- le jour de pleine lune,
- le jour de votre anniversaire,
- le nouvel an chinois,
- une date favorable en souvenir d'un évènement positif.

Consultez un almanach chinois pour connaître les dates et heures favorables.

3) SAVOIR PURIFIER

Depuis toujours, les Chinois purifient leur maison par des rituels et des pratiques à des moments déterminés de leur vie.

a) Avant

- **Un emménagement**

De préférence avant l'installation des meubles sinon avant l'occupation des lieux par les résidents.

- **Une réunion** familiale ou professionnelle que l'on appréhende car les sujets évoqués créeront des tensions.

b) Après

- **Une atmosphère lourde**

Rompre la monotonie de la vie, créer l'envie, chasser l'ennui.

- **Le départ d'une personne avec qui l'on est en mauvais termes**

Ôter les traces négatives de sa présence.

- **Une dispute**

Chasser la tension de la pièce pour repartir sur de meilleures bases.

- **Une maladie**

Dynamiser l'espace pour redonner de la vitalité au convalescent.

- **Un décès**

Se donner le temps de faire le deuil de la personne disparue. Chacun définira la durée de gestation de son chagrin puis décidera du moment d'y mettre fin. La purification du logement marquera l'acceptation du décès et la volonté de reprendre le chemin de la vie.

c) Différentes méthodes

La traditionnelle : le prêtre

La difficulté réside à trouver un prêtre taoïste. La quête accomplie, il inscrira des prières sur un parchemin qu'il brûlera. Les cendres mélangées à du sel seront dispersées dans la maison selon un cérémonial précis.

La plus bruyante : la résonance

Avec détermination, vous taperez énergiquement dans vos mains ou battrez le tambour pour emplir la pièce de vibrations. Accentuez le bruit dans les zones de Sha. Commencez par le coin le plus à l'est et décrivez des cercles en marchant pour finir par le centre de la pièce où vous vous immobiliserez quelques instants. Si vous optez pour une clochette, plus discrète, elle devra osciller dans votre main en formant un huit.

La plus manifeste : les senteurs

L'huile pure et douce arrête les influences néfastes extérieures des quatre points cardinaux. Ce fluide, perceptible en émanation et protecteur en onction, est selon la mythologie shintoïste, l'image de l'indifférenciation.

L'efficacité des huiles essentielles n'est plus à démontrer. Pour en préserver toutes les vertus, préférez un diffuseur électrique à froid à la coupelle sur le radiateur ou un brûle-parfum à bougie.

Avant un emménagement : sauge, pin, sapin, genévrier.

Avant un entretien : mandarine rouge.

Pour renforcer le 'Chi : citron vert, citronnelle, orange, menthe poivrée.

Après une altercation : lavande, géranium.

Après une maladie : eucalyptus.

Après un décès : santal.

La plus ancienne : le sel

Élément important du rituel chez les Hébreux, le sel est le symbole de la purification, de l'alliance et de la communion.

Également symbole tantrique, le grain de sel fond dans l'eau et perd ainsi les propriétés qui lui sont propres pour enrichir la masse.

Cette méthode favorise donc l'esprit de famille, l'hospitalité, l'amitié et l'union du couple.

Jetez une petite poignée de cristaux de sel dans chaque angle de la maison et un peu plus dans les zones de Sha. Laissez un petit tas de forme conique près de la porte d'entrée. Ne pas y toucher pendant 24 heures.

La plus tonique : les agrumes

La purification par les agrumes répond plus particulièrement à une aspiration à la vitalité, un désir d'immortalité et un besoin de fertilité.

On choisira donc ce rituel :

- Après une convalescence

L'odeur du fruit apportera de l'énergie au 'Chi.

- Après un décès

Les pépins nous conduisent aux grains : alternance de vie et de mort, monde visible à la lumière, vie invisible souterraine.

- Après la visite d'une personne liée à une infertilité

Médecin, personne responsable de la mésentente du couple...

Dans la Chine ancienne, une demande en mariage s'accompagnait d'une offrande d'oranges, espoir d'une fécondité prometteuse.

Prélevez les zestes de citrons verts, jaunes et d'oranges pour les immerger dans un saladier d'eau de source. Laissez l'eau s'imprégner des arômes une nuit si vous êtes plutôt Yin, un jour si vous vous sentez plutôt Yang. Appliquez la même méthode que pour le sel en aspergeant tous les coins et en humidifiant le chambranle de la porte d'entrée.

d) Les présences invisibles

On n'y pense pas toujours et pourtant notre appartement a été habité par des personnes différentes qui y ont vécu des moments forts heureux et/ou tragiques. Il y a plus d'un siècle, on naissait et mourait chez soi. On quittait le domicile de ses parents pour se marier.

Aujourd'hui, on change d'habitation comme on change de statut : enfant, étudiant/e, concubin/e, marié/e, parent, divorcé/e, remarié/e, retraité. L'occupation des lieux n'est plus régie par une filiation.

Tant de passages laissent des traces, des influences énergétiques qui produisent des facteurs problématiques.

Cet hôte multi facettes, déjà présent dans les lieux, va vous affecter subtilement et insidieusement. Appelez-le énergie, atmosphère ou esprit, il est chez vous, il est chez lui !

e) Les évènements passés

Essayez de vous renseigner sur le dernier occupant, sa vie et la raison de son départ.

Trois points essentiels vous aideront à cerner l'individu : sa situation sentimentale, financière et sa santé. Questionnez, dans la mesure du possible, pour connaître les évènements marquants de sa vie. Voisins et agents immobiliers vous accorderont quelques révélations.

Faites le point sur les faits majeurs positifs et négatifs depuis votre dernier emménagement. Notez que les tendances perdurent au rythme de cycles d'une intensité toujours croissante. Un mauvais 'Chi peut vous toucher au-delà d'une habitation ; vous pouvez ressentir un mal-être dans une région.

Notez l'enchaînement de vos chocs émotionnels par adresse ou par région et remarquez la durée des phases.

f) Les lieux de construction

Lorsqu'il s'agit d'une maison, avant de l'acheter, renseignez-vous auprès des services du cadastre de la mairie afin de savoir sur quoi vont reposer les fondations de votre habitation. Il serait de mauvais augure de faire bâtir sur un ancien cimetière, une décharge, une mine, un lieu de traitement des eaux usagées ou un cours d'eau souterrain passant en amont par un des lieux précités.

L'intérieur de votre maison a peut-être subi des transformations importantes suite à un incendie ou à une redistribution des pièces. Recherchez un plan d'origine et son histoire.

Vous comprendrez, par exemple, pourquoi vous vous sentez fatigué et oppressé dans votre bureau quand vous découvrirez que cette pièce servait autrefois de buanderie, lieu de travail en milieu clos, saturé de vapeur et d'humidité.

g) Les cérémonies de bénédiction Feng Shui

Elles s'opèrent avec déférence et sincérité. Les courants vont être modifiés en une seule intervention. Le renforcement des énergies positives va, de ce fait, altérer les négatives jusqu'à leur totale disparition.

Ainsi, vous accèderez à la prospérité, à la chance et à la fortune en éliminant les 'Chi négatifs d'évènements malheureux. Les esprits néfastes quitteront les lieux.

Ces cérémonies de bénédiction sont compatibles avec toutes les religions. Vous pouvez même les personnaliser en y ajoutant vos pratiques personnelles tout en respectant les principes de base et leur déroulement. Les agnostiques peuvent, sans crainte les pratiquer sans y voir un engagement dans un dogme quelconque.

Ne vous focalisez pas sur les résultats attendus. Pour certains, ils seront immédiats, pour d'autres progressifs. En aucun cas, la perspective doit être source de stress.

Il existe plusieurs bénédictions. Nous vous confions les deux plus répandues, celles du riz et des oranges. Vous pouvez faire appel à un professionnel si vous souhaitez aller plus loin dans ce domaine.

La bénédiction du riz

Elle s'exécute autour du terrain mais son action touche la maison et ses dépendances. Elle stimule les énergies des éléments.

Tous les êtres vivants du domicile en profitent favorablement.

Cette bénédiction se réalise en extérieur.

Préparation :

Rassemblez le nécessaire : un saladier, 2 à 3 kilos de riz blanc ou entier cru (pas de riz précuit), 1/2 cuillère à dessert de poudre de cinabre (produit asiatique utilisé en médecine chinoise), un flacon d'alcool à 90 ° neuf.

Veuillez à ne pas être dérangé. Débranchez tout ! Que la paix et le calme règnent.

1. Placez vos mains en position de Mudra, la gauche sur la droite, paumes dirigées vers le haut, les pouces se touchant. Récitez 9 fois le mantra suivant, transcrit phonétiquement : “ Gatè Gatè, Paireu Gatè, Paireu Seum Gatè, Bodî Souaha ” ou une prière de votre religion.

2. Remplissez le saladier avec le riz.

3. Ajoutez la poudre de cinabre.

4. Ajoutez 9 bouchons d'alcool ou 9 fois un peu d'alcool tout en récitant les 6 mots vrais : “ Om, Ma, Ni, Pad, Mi, Hum ” ou un autre mantra de votre choix.

5. Mélangez le tout avec le majeur de la main gauche pour les femmes, le majeur de la main droite pour les hommes, tout en récitant 108 fois les 6 mots vrais ou un autre mantra. Sentez la force divine s'infiltrer dans ce petit tourbillon apportant au riz son pouvoir de purification de bénédiction.

Action :

1. Placez-vous à la bouche du ‘Chi : à la porte de la propriété, juste à la limite du trottoir.

* Pour chaque poignée de riz lancée, répétez les 6 mots vrais : “ Om, Ma, Ni, Pad, Mi, Hum ”.

2. D'une main, vous tenez le saladier, de l'autre, en position

de Mudra du renforcement, paumes dirigées vers le haut, vous jetez énergiquement 3 poignées de riz. Ressentez la vigueur du 'Chi !

3. Jetez 3 poignées de riz dans un lancé horizontal. C'est la Mudra du don, celle qui nourrit " les fantômes affamés ", appellation chinoise des ennuis et des malheurs. Représentez-vous la fin de vos soucis et la fuite des influences néfastes.

4. Par la Mudra de la plantation, jetez 3 poignées de riz vers le sol. Visualisez les semailles de vos projets et leurs futures réalisations.

5. Avancez vers l'est ou l'ouest pour faire le tour de la propriété. Suivez votre intuition pour marquer des arrêts et procédez à nouveau aux trois Mudras.

6. Revenez à votre point de départ et jetez 3 poignées de riz sur la porte d'entrée puis terminez par 3 poignées de riz vers le ciel pour une bénédiction astrale.

7. Là, vous déplierez 9 fois de suite, majeurs et annulaires enroulés, répétant 9 fois votre mantra ou prière de votre choix. Projetez votre esprit dans des situations bénéfiques. Ainsi prend fin par le renforcement des 3 secrets, la bénédiction du riz.

Recommandations importantes :

• Laissez le riz 24 heures minimum.

• La cérémonie peut se faire autour du jardin, d'un immeuble ou d'un pâté de maisons.

• Le riz peut être remplacé par du blé, de l'orge ou du millet.

• Terminez de préférence le riz pendant la bénédiction sinon jetez le reste.

• Le cinabre est une substance dangereuse, lavez plusieurs fois le saladier et vos mains.

• Le cinabre peut rougir la pierre ou le jade.

La bénédiction des oranges

Elle annonce un nouveau départ dans la vie, un désir de changement. On la pratique généralement lors d'un emménagement.

Elle épure les énergies négatives des maisons et exalte les esprits des habitants.

Cette bénédiction se réalise en intérieur.

Préparation :

Rassemblez le nécessaire : un saladier, 9 (ou un multiple de 9) oranges, des fleurs fraîchement coupées.

Même procédé que pour le riz :

Veuillez à ne pas être dérangé. Débranchez tout ! Que la paix et le calme règnent.

1. Placez vos mains en position de Mudra, la gauche sur la droite, paumes dirigées vers le haut, les pouces se touchent. Récitez 9 fois le mantra suivant, transcrite phonétiquement : " Gatè Gatè, Paireu Gatè, Paireu Seum Gatè ", ou une prière de votre religion.

2. Remplissez le saladier avec de l'eau.

3. Ajoutez l'écorce des 9 oranges en petits morceaux.

Action :

1. Placez-vous à la bouche du Chi : à la porte d'entrée du logement.

Pour chaque projection, répétez les 6 mots vrais : "Om, Ma, Ni, Pad, Mi, Hum ".

2. D'une main, vous tenez le saladier, de l'autre, vous lancez de l'eau avec le majeur et l'annulaire réunis dans un geste de projection en position de Mudra de l'expulsion, à l'intérieur de l'entrée. Imaginez-vous être comblé par la chance.

3. Avancez vers l'est ou l'ouest pour faire le tour de la propriété. Suivez votre intuition pour marquer des arrêts sans

oublier d'arroser chaque pièce, murs, sols, plafonds, meubles, objets, jusqu'aux placards et sous les lits.

4. Revenez à votre point de départ et débarrassez-vous de l'eau non utilisée.

Là, vous déplierez 9 fois de suite, majeurs et annulaires enroulés en répétant 9 fois votre mantra ou prière de votre choix. Projetez votre esprit dans des situations bénéfiques. Ainsi prend fin par le renforcement des 3 secrets, la bénédiction des oranges.

Pour terminer, disposez les fleurs au milieu du logement. Ouvrez fenêtres et portes pendant 24 heures.

Recommandations importantes :

- Les fleurs resteront dans la maison 9 jours mais vous devez changer de bouquet tous les 3 jours ou avant si elles se fanent.
- Laissez les aspersions 24 heures minimum.
- La cérémonie peut se faire à l'intérieur d'un habitat ou d'un lieu professionnel.

Le remède du bambou

Procurez-vous des tiges de bambou dont chaque nouveau segment est plus long que le précédent, symbole d'une évolution positive. Les anneaux marquant les sections doivent rester intacts, en relief et non limés. Utilisez un ruban rouge de 9 cm ou un multiple de 9 (18, 27…) se terminant par deux plumets pour chaque fixation, aux deux extrémités de la tige. Manipulez le bambou avec respect afin de ne pas annihiler ces pouvoirs. Ne pas le considérer comme une flûte ou un jouet mais en tant qu'objet doté de pouvoirs.

La tige de bambou est un remède qui agit dans différents domaines. Pour déterminer ses champs d'action, choisissez la zone susceptible d'être améliorée. Pour cela, repérez la direction cardinale du mur concerné ; pointez ensuite le Ba Gua à la verticale, bras tendus et visualisez les zones sur le mur, en ayant pris un recul de plusieurs mètres.

Si, par exemple, vous êtes en conflit avec un membre de votre famille, fixez le bambou dans la zone “ Famille ”.

Pour accroître l'effet du remède, suspendez la tige de bambou dans une orientation adaptée aux besoins :

- Horizontalement, pour les zones “ Renommée ” ou “ Carrière ”.

- Verticalement, les sections les plus courtes en bas, pour les zones “ Enfants ” ou “ Famille ”.

- Avec un angle de 45°, penchant à gauche pour les zones “ Richesse ” ou “ Mentors ”.

- Avec un angle de 45°, penchant à droite, pour les zones “ Mariage ” ou “ Savoir ”.

- L'orientation que vous souhaitez pour une meilleure santé. Santé, bonheur et argent sont au bout du chemin.

4) SAVOIR RANGER, SAVOIR NETTOYER

Ordre ou désordre, je te dirai qui tu es. Le rangement n'est pas l'ordre. Le rangement est un ensemble d'actes, l'ordre n'est que théorie. Apparemment désordonnés, certains adultes se retrouvent dans leur organisation du fouillis. Le désordre au quotidien, signifie le plus souvent un comportement de refus des règles, une sensation de liberté toute relative quand on vit à plusieurs. Le maniaque du rangement, en excès, éprouve angoisse, peur de manquer et participe d'un abus d'instinct de propriété. L'ordre et le désordre cohabitent le plus souvent.

Il faut savoir réorganiser

La plupart du temps, nous passons notre vie à amasser meubles, souvenirs et petits riens jusqu'à nous sentir envahis par cette accumulation d'objets divers. Pour que la maison reste agréable à vivre, il faut aménager, organiser les espaces et agencer les objets qui s'y trouvent. Chaque chose doit répondre efficacement à nos besoins quotidiens et conserver une apparence agréable. Ce sont des lieux où l'on range, où l'on conserve, où l'on stocke les provisions, les appareils, les vêtements et les papiers. Le rangement est aussi lié à des questions de sécurité, d'hygiène et bien sûr d'espace disponible mais il faut réellement tout installer pour gagner de la place. Pour tendre vers la notion d'idéal, il faudrait avoir un territoire bien à soi en dehors des parties communes. Débordés par le désordre ambiant ou trop méticuleux, les notions de territoire deviennent floues. Les conflits viennent souvent d'une confusion des espaces attribués ou non à chacun.

Il faut savoir ranger selon ses besoins

Extraverti, vous avez tendance à tout laisser à la vue des autres, introverti, votre pudeur vous ordonnera de tout cacher. Il faut arriver à un équilibre entre rangements ouverts et fermés. Quelle que soit l'atmosphère choisie, on n'agence pas les pièces de la même façon selon ce que l'on a à faire. Les objets qui nous entourent sont très souvent liés à l'activité que nous avons définie pour chaque espace. Les casseroles ne sont pas dans la chambre ! En un : faites l'inventaire de vos possessions avec classement selon l'utilisation. En deux : jetez l'inutile, donnez ce qui ne vous plaît plus – habits, livres, jouets -. En trois : le tri effectué, déterminez leurs utilisations quotidiennes – accessibles facilement ou emploi ponctuel voire annuel. En quatre : appliquez quelques règles d'or du Feng Shui.

a) Ranger

Nous ne devons pas nous laisser envahir par toutes ces petites choses qui encombrent nos maisons. Elles alimentent une zone de Sha, donc une influence négative pour notre esprit.

Plusieurs méthodes ont fait leurs preuves :

- **Le rangement linéaire**

Partez du fond du domicile et avancez mètre par mètre soit en rangeant chaque chose délaissée, rencontrée sur votre passage soit en repoussant les inopportuns jusqu'à la porte d'entrée. Finir par trier un amas de choses et d'apparats hétéroclites où se côtoient cotons-tiges, chaussures, journaux et sachets de thé. Surtout, ne pas s'arrêter avant d'avoir terminé !

- **Le rangement à thème**

Attaquez par le plus lourd : les papiers.

Soulevez, déplacez, triez mais ne lisez pas ! Si vous commencez à ouvrir la pochette de photos ou à relire l'article sur les bienfaits d'une crème de nuit, vous ne franchirez jamais la seconde étape.

Continuez donc par le plus volumineux : la couette qui penche à droite, le gilet qui habille la chaise, le linge sale qui a avalé le stick up et les chaussettes divorcées mais toujours présentes.

- **Le rangement par pièce**

Pensez aux visites imprévues, l'entrée et le salon seront les premières pièces dont vous devrez vous occuper. Puis la cuisine. Les autres pièces, plus intimes, sont à traiter au fur et à mesure.

- **Le rangement partagé**

Idéal pour les familles nombreuses, chacun range son fouillis, et ce, dans un temps réglementé. Afin de stimuler les candidats, prévoir ensuite une activité qui allie détente et plaisir : une sortie cinématographique par exemple.

b) Zones et objets à privilégier

Le dressing et le placard

• Le dressing

Le dressing est souvent une extension de la chambre. Nous y rangeons nos costumes sociaux et culturels. Chaque vêtement ou accessoire correspond à une facette de notre personnalité et renforce nos motivations et nos actions : travailler, s'amuser, faire du sport, séduire, éblouir, passer inaperçu, cocooner.

Notez la couleur prédominante dans votre garde-robe. Vous correspond-elle encore aujourd'hui ? Hormis les influences de la mode, nos goûts changent avec les années et les évènements que nous vivons.

Attention à ne pas commettre d'erreurs d'interprétation. Par exemple, le noir habille avec élégance mais l'excès engendre repli sur soi et tristesse. Les couleurs vives expriment la vitalité ; ne les portez qu'avec parcimonie.

Réservez un endroit spécifique pour les chaussures, de préférence un placard attenant à l'entrée. Les chaussures véhiculent le Chi inconscient du chemin de vie parcouru, la vôtre et celle d'une collectivité.

Ba Gua : l'emplacement idéal du dressing correspond à la zone " Réputation " afin que le message et l'image projetés soient en adéquation avec nos intentions.

Placez dans cette zone vos plus belles toilettes ainsi que les accessoires les plus précieux.

• Le placard

Le placard est l'entrepôt des papiers et objets utiles dont les besoins sont ponctuels et inutiles mais que l'on se sent obligé de conserver.

Classez les papiers administratifs dans une boîte métallique, résistant au feu, avec intercalaires et onglets. Rangez dans des caisses en plastique transparent coloré les fournitures nécessaires à l'entretien de la maison : électricité, plomberie, traitement du bois, revêtements muraux.... Protégez vos documents anciens dans un meuble à tiroirs, ils seront ainsi facilement retrouvés.

Nombreux sont les placards débordant d'objets auxquels on accorde une valeur sentimentale qui leur évite la poubelle. Nous sommes pourtant conscients de ne pas en avoir besoin mais ils reflètent les évènements majeurs de notre passé.

Le Feng Shui préconise de se détacher des éléments qui créent une dépendance psychologique et nuit au développement personnel. Après un amour décevant, il est conseillé de jeter tout échange de courrier avec l'intéressé(e).

Ne laissez pas votre esprit être le geôlier de vos souvenirs.

Observez les objets inutilement conservés et déterminez à quelle zone du Ba Gua ils correspondent. Par exemple, un tiroir alourdi par de vieilles revues rend l'ouverture difficile. Si le meuble est situé dans la zone " Relations ", son propriétaire aura des difficultés à s'extérioriser. Si les objets situés dans la même zone sont entreposés en vrac, ils seront à l'origine d'une confusion dans les expressions verbales ou gestuelles de celui-ci.

Il est surprenant de constater qu'un simple aménagement peut générer une fluidité de l'énergie favorable à une vie harmonieuse.

c) Nettoyer et créer un effet

- **Nettoyer**

À fond !

A priori, cela ne tente personne. Pourtant, le Feng Shui exige avant tout une hygiène de vie correcte. On ne vous demande pas de passer la maison au karcher tous les trois jours mais de laver et épousseter régulièrement.

Fenêtres ouvertes, enlevez les livres de la bibliothèque pour en nettoyer les étagères et les fascicules afin que la poussière accumulée ne représente pas un écran opaque au savoir.

Déplacez meubles légers et canapés et essuyez le dessus des plinthes.

La poussière opacifie les couleurs qui ne jouent alors plus leur rôle de catalyseur de vitalité.

Lavez rideaux et doubles rideaux, shampooinez la moquette et vaporisez les tapis.

Aspirez les poils d'animaux et les dépôts moutonneux qui s'incrustent dans les interstices des radiateurs en fonte.

N'oubliez pas les cadres, toiles, statuettes et petits objets.

Passez au lave-vaisselle les assiettes et pichets qui décorent la cuisine.

Détruisez le calcaire et javellisez les sanitaires.

• Créer un effet

Faites briller tout ce qui peut reluire, l'éclat favorise la clarté mentale. Si vous suspendez une sphère multifacettes, style boîte de nuit de la fin du siècle dernier, vous développerez votre sens critique et votre esprit d'analyse. Vous pouvez toutefois choisir un lustre à pampilles.

L'eau en mouvement donne de la vigueur au 'Chi et par conséquent limite le dépôt poussiéreux. Placez donc une petite fontaine dans les endroits peu passagers. Mettez-la en action lors du nettoyage, elle stimulera l'énergie que vous apporterez à la tâche.

Ne cumulez pas les petits objets décoratifs, véritable champ de mines pour le 'Chi. Regroupez-les s'ils peuvent former une collection ; par exemple, des œufs en porcelaine dans une coupe du même style. Ou bien, isolez un élément pour le mettre en valeur, en laissant suffisamment d'espace autour. Vous consacrerez alors moins de temps au ménage.

Conseils

- Ne vous laissez pas envahir par l'inutile. Donnez ou jetez selon l'état.
- Éclairez suffisamment votre logement. On a tendance à délaisser ce que l'on ne voit pas. Rangez vos placards, nettoyez le dessus des meubles et des portes.
- Aérez et animez l'espace. C'est en musique et à l'air frais que vous trouverez l'énergie nécessaire pour raviver votre intérieur. Pensez au résultat et ne considérez plus le ménage ni le rangement comme une lourde tâche mais comme l'accession au bien-être.
- Adaptez un aménagement qui vous ressemble. Inspirez-vous sans copier. N'oubliez pas les carillons, fontaines et parfums pour maintenir vos sens en éveil. Ils chassent le Sha et embaument le 'Chi.

Votre maison est harmonieuse et à votre image.
Laissez entrer la chance. Partagez votre nouveau bonheur.

Chapitre III

LA MAISON, LIEU DE VIE

1) NOTRE MAISON ET SON ENVIRONNEMENT

De notre environnement découle notre santé. Le stress et la pollution d'une grande ville sont évidemment moins bénéfiques pour notre santé que l'air pur du sommet d'une montagne ou de l'île de Madagascar. Le 'Chi de Paris est différent de celui de New-York.

La sensation de l'équilibre Yin et Yang dans l'environnement immédiat de la maison se traduit par les formes topographiques des paysages nous entourant, de près ou de loin comme les routes, les montagnes, les cours d'eaux, éléments naturels non ou rarement modifiables, les bâtiments, autres maisons ou immeubles et toutes autres constructions dues à l'homme comme les ponts ou les tunnels.

Le traitement de l'environnement s'appelle le San He (Trois Harmonies). Il étudie les formes du paysage, leurs influences sur les hommes. Il analyse les physionomies des formations naturelles : taille, forme, disposition, direction, disposition jusqu'au mouvement de l'eau.

Dans les villes, on assimile les immeubles aux montagnes et les routes aux cours d'eaux. Les quatre Animaux Célestes, Dragon, Tigre, Tortue et Phénix, sont utilisés pour l'implantation de la maison. Le Dragon doit se trouver à droite, le Tigre à gauche, la Tortue derrière et le Phénix devant votre habitation.

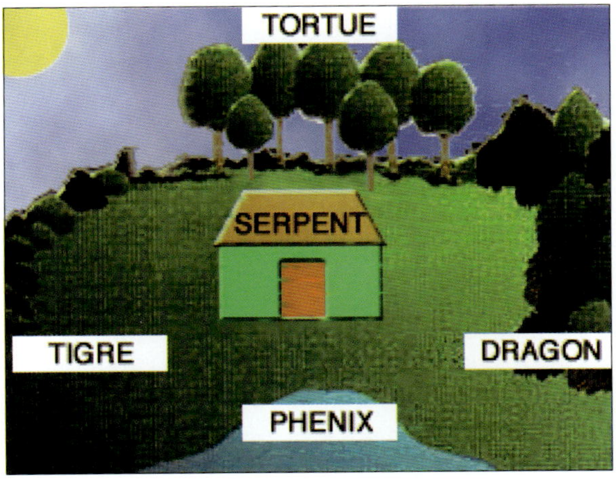

Selon le Feng Shui, l'emplacement idéal de la maison doit s'adosser, au Nord, à une colline ou une montagne, avoir une forêt ou quelques arbres au moins pour prodiguer un sentiment de protection et de sécurité. Elle doit s'appuyer sur deux collines latérales pour garantir un parfait équilibre, et être orientée au Sud, la porte principale ouverte sur le devant de la maison et offrant un angle visuel le plus large possible pour une détente théoriquement absolue. S'il existe un cours d'eau, il doit passer devant la porte principale de la maison.

Difficile, voire impossible ?

Par exemple, “ le plat pays ”, plaine et non vallée, est Yin par excellence. Il faudrait des formes surplombantes ou des buissons, des plantes un peu surélevées sur des tertres, ou bien encore des arbres, normes Yang. Ainsi de petites collines sont relativement Yin et Yang. Si la plaine est encaissée dans une vallée, l'équilibre se fait avec des rivières. Autre exemple, l'eau de ne doit pas " émigrer " en face de la porte. C'est pourquoi une pente juste devant et vers une entrée est considérée comme inopportune, l'eau autant que le 'Chi ne pouvant être conservés. Votre maison est déjà construite et aucune trace d'eau devant la porte. Pour contrecarrer son absence, si vous avez un jardin construisez une cascade ou une rigole... ainsi qu'un bac pour la retenir, un bassin. Si c'est un appartement, vous pouvez toujours, si vos voisins l'acceptent, placer une fontaine à l'eau vive et visible.

Du point de vue des lumières, dans tout environnement, il doit y avoir l'adret (côté ensoleillé) et l'ubac (versant sombre).

a) Vous achetez un terrain ou une maison

À proscrire, les zones inondables ou les terrains susceptibles de subir des éboulements ou des séismes.

Vérifiez-en la faune et la flore. À proscrire, les termites, ragondins, rats ou souris qui n'aiment que des endroits malsains. Si vous décelez trop d'orties, cela voudra dire que vous ne pourrez pas avoir d'arbres fruitiers. Vérifiez aussi la présence ou non d'eau souterraine ou de gisements de minéraux ou des failles géologiques.

Contrôlez également la forme et la hauteur des habitations mitoyennes de telle manière à ce qu'il n'y ait pas de toit trop pointu, d'élévation plus haute que votre propre demeure. Pour un toit pointu juste en face de chez vous, disposer un miroir octogonal au-dessus de votre porte. Evitez les lieux-dits à connotation négative comme " Vilaine ".

Recherchez toutes ondes négatives avec des appareils spécifiques pouvant mesurer les hautes fréquences ou les champs magnétiques, énergies négatives appelées en Feng Shui le Sha

(Qi) ou “ les souffles pervers ”. Ces ondes nocives se situent dans des lieux ou des sites abandonnés de type canalisation, puits, carrière, cimetière... délaissés et anciens.

Abandonnez tout de suite l’achat de votre maison. Surtout si vous devez vivre au-dessus d’un ancien cimetière. Le passé sera beaucoup trop lourd.

Autres ondes à s’éviter : les lignes de métropolitain par exemple, les antennes pour les portables, les sites nucléaires ou électriques ainsi que les installations électrifiées, les aéroports (bruits et radiations), les autoroutes ou les déchetteries (pour les odeurs) ou encore les usines traitant de matériaux chimiques.

Evident !

b) La maison en elle-même

Votre maison doit être de forme carrée ou rectangulaire, avec ni coin manquant ni aile ajoutée. Ces deux formes sont très bénéfiques, car les huit aspirations dans ce cas-là peuvent se réaliser. Une maison en L attire trop dans l'angle l'amplitude du 'Chi qui est alors trop puissant. S'il s'agit d'un immeuble, choisissez un appartement situé dans l'une des deux extrémités du L.

Dans une forme en U, le 'Chi s'engouffre sans possibilité d'en ressortir. Il y restera, empêchant les bonnes énergies d'atteindre les habitations au fonds du U, type impasse.

Tranquillisez-vous, il reste toujours possible de déjouer l'entrée du Sha, de la freiner au maximum sans en arriver à abattre les murs de votre maison ! Sachez toutefois qu'il est difficile d'éradiquer complètement une mauvaise configuration de l'habitat, et des énergies environnantes surtout celles générées par la nature, montagne face à vous ou autre. Si l'environnement peut rarement s'adapter à nos désirs, nous devons nous en accommoder en aménageant notre intérieur pour freiner toutes mauvaises influences de l'extérieur.

Quelques exemples connus de constructions Feng Shui

La Cité interdite de Pékin

La banque de Chine à Hong Kong

Le siège social de British Airways

Le siège de Jardiland

Le siège de Mark et Spencer

Le siège de Yahoo

Le siège du Sémaphor

Le Legends, unique hôtel Feng Shui à l'Ile Maurice.

Le "sweet home" de Madonna

2) NOTRE ENTRÉE

a) Son rôle

L'entrée :

Par évidence, elle est le lien entre le monde extérieur et votre maison. En Feng Shui, elle est vitale. Nommée " bouche du 'Chi ", c'est par elle que s'engouffrent toutes les énergies positives ou négatives puis qu'elles se dispersent dans votre intérieur au moins au tiers de la totalité du 'Chi. Anatomiquement, la relation envers la nourriture et la respiration démontre la force vitale de la bouche. Votre entrée se doit d'être accueillante pour deux raisons essentielles. La première, pour vous-même : dès que vous en franchissez le pas, vous devez vous sentir bien chez vous, très bien, heureux de vous " poser dans vos meubles ". La seconde, parce que cette zone de passage est utilisée également par des membres extérieurs à la famille. Leur jugement se fera dès l'entrée. Ils ressentiront votre personnalité et ils se sentiront bien ou pas dès ce moment. N'oubliez pas, vos amis ou vos relations professionnelles apprécieront votre façon de vivre dès qu'ils franchiront votre porte. Il est donc essentiel que votre entrée reflète une énergie positive et chaleureuse. Dès lors, votre entrée ne doit pas être synonyme de fourre-tout, de pêle-mêle d'objets, de hall à vêtements ou de garage à chaussures, balais, vélos, boîtes de conserves ou bouteilles de vin. Plus elle est spacieuse et peu encombrée, plus le 'Chi circule positivement. Au quotidien, nous avons besoin constamment des énergies dans deux lieux principalement, le salon et l'entrée. Il faut donc en soigner particulièrement l'aspect décoratif.

Et puis éventuellement, quittez vos chaussures de ville, enfilez vos pantoufles... vous ne véhiculerez ainsi aucune interférence d'autres énergies.

La porte :

Elle est l'élément essentiel de votre entrée. La porte de votre demeure doit être solide et pleine, toute en bois ou en métal pour se protéger. Les portes blindées sont idéales avec un œilleton. Elle doit s'ouvrir vers l'intérieur. Par contre, en Feng Shui, la circulation du ‘Chi est conditionnée par la largeur de votre porte et il est préférable qu'elle ne soit pas située face à un escalier, qu'elle ne débouche pas sur vos toilettes ou que la vision soit obstruée par une cloison dès son ouverture. Une porte d'entrée principale mal dimensionnée peut être source d'ondes négatives voire catastrophiques pour tous les membres de votre habitation.

C'est une règle qui doit, si vous déménagez, déterminer le choix de votre future maison. La largeur de votre porte doit être au minimum de 120 cm.

b) Disposition géographique idéale

L'idéal, c'est une entrée qui donne directement sur le salon, autre pièce liée à la zone Réputation.

À proscrire en face de la porte d'entrée :

• La porte des toilettes car le Chi va s'engouffrer dans les toilettes et s'éteindre dans ce lieu trop Yin.

• La porte de la chambre parentale ou du couple qui entraîne un sentiment d'insécurité compte tenu de la proximité des entrées et sorties de la maison.

• La porte de la cuisine. Avec un tel emplacement, l'ensemble de la maisonnée risque d'avoir en permanence faim.

c) Ba Gua

L'entrée est par excellence la zone Réputation. C'est la première zone à rééquilibrer car même si les autres zones laissent à désirer, celle-ci vous permettra déjà de vous sentir mieux.

d) Les directions cardinales

Le Nord-Est apporte l'espoir de voir se concrétiser de nouveaux projets ou d'entretenir de meilleures relations avec les autres.

e) Les couleurs

La couleur que vous choisissez pour votre entrée va faire plus ou moins vibrer le 'Chi entrant. Le blanc représente la pureté et la justice. Utilisé pour l'entrée, il purifie les énergies entrantes et sortantes de la maison. Mais il faut unir à cette couleur celles qui correspondent à la Zone Réputation. Sans excès, et plutôt sur les accessoires, préconisez le rouge. Vous pouvez peindre vos murs en jaune ocre ou jaune safran ou dans des teintes orangées, couleurs de l'élément feu associé à la Zone Réputation et toutes les couleurs liées à la brillance comme l'or, l'argent. À proscrire, les couleurs associées à l'eau, bleu ou vert.

f) L'éclairage

Favorisez l'éclairage plutôt indirect. Une lampe sur pied avec abat-jour rouge.

Si votre entrée est plutôt petite et sombre, le 'Chi se fraiera difficilement un passage. Pour pallier à cet inconvénient, renforcez l'éclairage avec une suspension telle qu'un lustre en cristal, le cristal augmentant dans l'entrée les bienfaits du 'Chi. Autre éclairage possible, des spots qui éclaircissent chaque coin de l'entrée. Pour conserver l'énergie Yang nécessaire à l'entrée, il est conseillé de laisser au moins une lampe allumée toute la nuit et de façon générale dès que l'obscurité apparaît.

g) Les formes

Il faut disposer très peu de meubles dans l'entrée : une console avec un vase, un tapis qui correspond à votre personnalité au niveau des formes en privilégiant toutefois à plus de la moitié des formes Yang rectangulaires ou carrées.

h) Matières et matériaux

Pour l'entrée :

Le cristal sous forme de mobiles, de boules posées sur une console est bénéfique pour l'harmonie du lieu. Disposez un tapis moelleux en laine vierge par exemple mais traité anti-taches. Une console en verre est très Yang.

Pour la porte : une poignée en laiton, en cuivre, dans une matière brillante. N'oubliez pas l'œilleton.

i) Les accessoires

Pour l'entrée :

Des plantes grasses aux feuilles rondes de couleur plutôt sombre. Mais la reine s'appelle la crassula. Sa vertu, elle attire comme un aimant l'argent. Où la placer : à la porte d'entrée, à l'intérieur ou à l'extérieur.

Des tableaux représentant un paysage, par exemple avec des touches de couleur Yang de plusieurs personnages. Évitez la photo où il n'y a qu'une seule personne comme le dernier-né de la famille.

Des mobiles en papier ou autres matières.

Aucun miroir ne doit être en face de la porte d'entrée. Le 'Chi en effet se reflète alors dans le miroir, rebondit et ressort immédiatement.

Pour la porte :

Choisissez un paillasson rouge. Disposez de part et d'autre, si vous en avez la possibilité, deux pots en terre cuite avec des plantes à feuilles arrondies.

j) Les odeurs

Ne mettez pas votre poubelle en attendant de la descendre dans votre entrée. Veillez à changer l'eau de votre vase tous les jours pour éviter l'odeur du croupi et ne pas laisser faner les fleurs. En fait, dans l'entrée, toutes les odeurs un peu nauséabondes sont sous la loi d'une interdiction sans compromis. Les mauvaises odeurs limitent considérablement la circulation du 'Chi.

k) Les sons

Carillons, cloches et tout objet sonores sont à retenir. Deux fonctions, l'une pour vous prévenir d'un arrivant, la seconde pour dynamiser le 'Chi.

Conseils de décoration

L'entrée doit toujours être propre, rangée et aérée tous les jours.

Ne laissez pas traîner vos chaussures à la vue de tout le monde, prévoyez un meuble pour les dissimuler. Le portemanteaux est à proscrire aussi, rendant un effet de désordre incompatible avec la nécessaire clarté visuelle de cet endroit.

3) NOTRE CUISINE

a) Son rôle

La cuisine est désormais un lieu de communication à par entière. Elle reprend sa place d'antan au cœur d'un foyer où il fait bon vivre et se retrouver pour concocter des petits plats et partager de chaleureux moments. Aujourd'hui, après le salon, elle est la deuxième pièce la plus importante de la maison. L'aménagement de la cuisine se fait “ à la carte ” en répondant à nos besoins et aux espaces variables. Une alliance de l'esthétisme et du fonctionnel. Posez-vous les bonnes questions pour la réorganiser – pratiquement et selon des principes du Feng Shui. Côté pratique, évaluez vos habitudes, êtes-vous droitier(e) ou gaucher(e) ? Vous avez le choix entre beaucoup de formes, en I, simple ou double, en L ou en U. En Feng Shui, l'impératif est de ne pas avoir un îlot de cuisson, c'est-à-dire cuisinière et plan de travail au centre de la pièce. L'idéal est de bâtir un triangle avec la cuisinière, l'évier et le réfrigérateur dans une pièce de préférence spacieuse (rare).

La cuisine est avant tout le lieu symbolique où se préparent concrètement les nourritures terrestres, l'alimentation de votre corps qui va agir sur votre santé et votre énergie. Tout comme l'entrée, la bouche du 'Chi, qui reflète l'âme de votre maison, la cuisine parle de votre corps. Dès lors, chaque fois que vous cuisinez, vous effectuez plus un rituel qu'un geste nécessaire. Dans l'ancien temps, l'âtre (notre cuisinière d'aujourd'hui), était considéré comme sacré. En Feng Shui, le centre de la cuisine se définit par sa valeur spirituelle autrement que le reste de la maison. Cette notion importante neutralise certains concepts dans cette pièce, notamment l'abandon du bestiaire symbolique.

b) Situation géographique idéale

En priorité, dans la cuisine, le plan de travail et le ou les points de cuisson doivent être positionnés de telle manière que la personne qui prépare les repas ne soit le dos à la porte. Si tel n'est pas le cas, installez des miroirs de telle manière à voir qui arrive. Ne placez pas non plus la cuisinière face aux toilettes ou à une chambre, ni sous une fenêtre ou sous des poutres. Pour des maisons à deux étages, de préférence, la salle de bains ne doit pas être située au-dessus de la cuisine et encore moins les toilettes.

c) Le Ba Gua

Dans la zone Santé et Famille, élément majeur, le grand-bois, couleur majeure, le vert.

Dans la zone Enfants, élément majeur, le petit métal, couleur majeure, le blanc.

d) Directions cardinales

La cuisine doit se situer à l'Est ou au Sud-Est de la maison, face à la direction du lever du soleil. Elle ne doit jamais être située au centre de la maison ni au Nord-Ouest.

e) L'objet de toute notre attention : la cuisinière

La cuisinière est considérée comme l'origine de la vie ; dans cette optique, pour les Chinois, le feu qui cuit nos aliments est sacré, la cuisinière ou le four est l'appareil ménager le plus important de la cuisine. À proscrire les toilettes à l'étage supérieur, plus exactement la cuvette juste au-dessus du four ou de la cuisinière. L'eau sale en énergie Yin infecte, souille les aliments de la famille. Positionnez les plaques électriques, la cuisinière, le four au centre de la cuisine risque de troubler la sérénité de la famille ; les énergies sont alors beaucoup trop Yang, apportant colères et disputes. Choisissez plutôt le long des murs pour conserver un espace vide (le Ming Tang) au milieu de la pièce. Quand c'est possible, il doit toujours être laissé dégagé.

Il est impératif que l'évier ainsi que le frigidaire (eau) ne soient pas installés à côté ou trop près de la cuisinière ou du four (feu). Dans cette configuration, le cycle de destruction s'enclenche : l'eau éteint le feu. Si tel n'est pas le cas, vous pouvez essayer de laisser un petit espace entre les deux, ou une plante : l'eau nourrit la plante, la plante entre en croissance, le légume est cuit par le feu. Ou bien encore, de mettre une planche en bois le long de votre cuisinière pour l'isoler de l'évier, (cycle de construction : l'eau nourrit le bois qui nourrit le feu).

f) Les couleurs

Si vous avez vos murs blancs ou crème, choisissez des touches de couleur pour vos ustensiles de cuisine comme le vert, associé à l'Est ou le bleu et le noir qui peuvent être possibles, matérialisant l'eau. Ne mettez pas d'autres couleurs qui pourraient éteindre la fonction vitale de cet endroit, le feu. Évitez dans la cuisine de peindre vos murs en bleu ou noir. Jouez aussi sur les couleurs de vos torchons en coton.

g) Les formes

Placards, étagères, plan de travail et évier avec des angles arrondis pour éviter de briser l'énergie du 'Chi.

h) Matières et matériaux

SI vous choisissez un parquet, choisissez-le en bois naturel à vitrifier impérativement à cause des tâches. Un carrelage semble plus approprié dans cette zone, en terre cuite par exemple. Si votre cuisine est à l'Est, des rangements en bois, peints en couleurs naturelles, bois brut, couleur grès... seront parfaits.

i) L'éclairage

La cuisine est une pièce très claire. Lampe au plafond qui monte ou descend. Spot d'éclairage aux murs. Il faut voir clair pour préparer la cuisine.

j) Les accessoires

• Dans cette zone, il faut impérativement ranger : placards, tiroirs, étagères organisés autour du plan de travail. Aucun désordre n'est admis, vous manqueriez d'imagination et d'envie surtout pour préparer vos plats...

• En signe d'opulence, n'hésitez pas à installer des corbeilles de fruits, toutes conserves dans des bocaux transparents ou des vases dont les fleurs seront toujours fraîches.

• Aucune pendule car la préparation des aliments était un acte sacré, hors âge, hors temps.

• Aucune suspension de fleurs séchées ou de paniers, vous vous sentiriez accablé(e)s. Cuisiner deviendrait un effort et non plus un plaisir.

• Aucune suspension d'ustensiles coupants, couteaux, râpes ou en vue. Cachez-les dans les tiroirs ou si vous avez choisi des pots, les lames tranchantes doivent y entrer.

k) Les odeurs

La cuisine est une pièce qui doit s'aérer chaque matin pour renouveler l'énergie du 'Chi. Aérez aussi quand vous cuisinez des aliments à odeur soutenue comme le poisson. Utilisez également un ventilateur intégré au mur pour une arrivée d'air frais permanente. Évitez toutes odeurs nauséabondes dans la cuisine. Installez une hotte au-dessus de vos plans de cuisson. Dans votre frigidaire, disposez un citron coupé en deux pour éviter les mauvaises odeurs.

l) Les sons

Quoi de mieux que d'entendre l'eau qui bout, le plat qui mijote.

Conseils

• Si vous placez cette plante aux feuilles rondes et charnues, la "crassula argentea", appellée aussi “ la plante à argent ” dans le Sud-Est ou l'Est de votre appartement, vous attirerez la chance et l'argent selon les Chinois.

• Évitez une cuisine ouverte sur l'entrée principale, vous allez devenir boulimique.

Aliments Yin, aliments Yang.

La diététique chinoise du Feng Shui que l'on appelle parfois macrobiotique est une alimentation spécifique destinée à régulariser les énergies Yang et Yin. Elle prend en compte les énergies véhiculées par les aliments dédiés au corps sous forme de propriétés calorifiques et thermiques, en juste proportion de froids (Yin) et de chauds (Yang). Fruits et légumes apportent de l'énergie, les sucres calment, les protéines rassasient. Elle utilise également, dans la diététique, la théorie des Cinq Eléments (Wu Xing).

Bois : aigre acide, tiède.

Métal : âcre, fraîche.

Feu : amer, chaud.

Eau : salée, froide.

Terre : douce, neutre.

Quelques exemples :

• Aliments Yang : poireaux (bois, chauds), vinaigre, poulet, viande grillée, noix ou framboises.

• Aliments Yin : champignons et bananes (terre, froids), blé, laitue, produits laitiers, pamplemousses, pommes, bière, riz long grain.

• Aliments neutres : sardines et harengs (eau, neutres).

4) NOTRE CHAMBRE

a) Son rôle

Combien d'entre nous rêve que la chambre soit consacrée uniquement au sommeil et à …l'amour ! Malheureusement, on y travaille aussi souvent, le bureau étant installé dans cette pièce.

Un tiers de notre vie se passe dans la chambre, nous y dormons sept à huit heures par jour environ. Le sommeil est donc aussi important que de respirer ou de s'alimenter. Nous y rêvons aussi, une part essentielle de notre vie. Pour l'anecdote, rappelons que Newton, lors d'une sieste sous un pommier découvre la gravité. En Chine, le sommeil est le " *Pays où l'on dort* " (Shui Xiang) et les rêves " *un songe endormi* " (Shui Meng).

Être allongé dans son lit, vivre au ralenti en son cerveau avec une baisse sensorielle, circulatoire et musculaire sont les ingrédients du rétablissement des réserves d'énergie et de la réparation des lésions. Le sommeil est également soumis aux influences extérieures (froid, chaud, humide, phases de la lune...). Tout comme l'abus ou le manque de nourriture. De tous ces facteurs, la qualité du sommeil varie. Dans tous les cas, la qualité du sommeil s'en ressent.

Selon le Yin et le Yang, d'après le " Canon de la Médecine Interne de l'Empereur Jaune - chapitre 43 ", on peut y lire "*si la rate est en plénitude, on rêve que l'on est gai, que l'on chante et que le corps devient très lourd. Si les énergies Yin et Yang sont toutes deux en plénitude, on rêve alors de batailles et l'on devient violent. Lorsque les poumons sont en plénitude, on rêve que l'on a peur, que l'on pleure et que l'on vole. Lorsque le cœur est en plénitude, on rêve de rire...*" Sommeil (expiration) est Yin, Éveil (inspiration) est Yang. La médecine chinoise préconise de dormir la fenêtre fermée et le nez sous la couverture.

C'est aussi durant le sommeil que les énergies corporelles concordent avec les énergies de l'univers selon les Chinois. La position est donc importante par rapport au Ciel (Tian) créant une énergie un peu Yin ou par rapport à la Terre (Ti), une énergie un peu Yang. Debout, l'ensemble de nos énergies spirituelles cosmiques ou telluriques ne font que nous traverser de part en part. Couché, elles se concentrent sur nous. Allongé face au ciel et dos au sol, " appuyé au Yin et le Yang ", le corps se recharge. Étendu face vers la terre et dos au ciel, " enlaçant le Yin et s'appuyant au Yang ", le corps énergétique est alors purifié en profondeur. Ce principe connu de tout temps en Chine est la base essentielle et fondamentale en Feng Shui.

Ainsi la fonction primordiale de la chambre est de nous régénérer, de nous détendre et de nous " réparer ". L'autre fonction, tout aussi thérapeutique, quand nous sommes en couple, c'est de nous aimer. Du reste, la chambre est la Zone Amour par excellence.

b) Situation géographique idéale

La chambre doit être le plus loin possible des lieux de vie comme le salon ou la salle à manger. Il est préférable de ne pas avoir de fenêtres sur le mur opposé à la porte, pour éviter que le 'Chi ne disparaisse trop rapidement.

c) Le Ba Gua

La Zone Amour figure les relations amoureuses et les amitiés profondes.

d) Directions cardinales

Les meilleurs secteurs pour une chambre sont les orientations Nord, Nord-Ouest ou Ouest.

e) L'objet de toutes nos attentions dans la chambre : notre lit

Relevant du bon sens, placez votre lit de façon à voir la porte sans être face à elle. Vous dormirez ainsi avec un sentiment de tranquilité, puisque personne n'arrivera dans votre dos. Aucune porte, aucune fenêtre derrière votre tête. La meilleure exposition du lit étant en diagonale par rapport à la porte d'entrée. Les poutres au-dessus du lit contrarient le sommeil et peuvent provoquer des disputes au sein de votre couple. Pour en freiner les effets, installez un tissu vaporeux, un voile de couleur claire sur vos poutres ou une moustiquaire, un voilage au-dessus de votre lit. La tête du lit au Nord est idéale ou devra s'en rapprocher le plus possible, elle sera adossée contre un mur. Un lit trop mou ou trop haut, donc trop éloigné du sol peut être une perturbation. Il doit cependant être au moins à 20 cm du sol, espace qui doit demeurer vide pour autoriser le 'Chi qui circulera sans obstacle et en freiner la stagnation. Vous n'avez aucun espace sous votre lit, nettoyez en-dessous régulièrement.

Impératif : le lit doit être fait à toute heure de la journée.

f) Les couleurs

L'harmonie des couleurs est le maître mot de cette pièce : murs, sol, tapis, couettes... Peinte dans des tons pastel (Yin), rose pâle, pêche, saumon, terracota, les couleurs sont celles de la tendresse et de l'amour. Vous avez des murs blancs, disposez une lampe à ampoule rose qui donnera le reflet souhaité. Pour l'amour, des draps bordeaux, pourpre ou rose qui stimuleront la passion. Le rose pour le romantisme, le rouge pour la passion, pas trop, le jaune pour la sincérité de vos déclarations d'amour et le blanc pour la pureté. Vous mixez, puis constatez les effets.

g) Les formes

Privilégier les tables de chevet rondes ou ovales, aux tables carrées qui envoient des flèches négatives vers le dormeur.

h) Matières et matériaux

Le lit : une structure en bois y compris les lattes est plus confortable que celle qui est en métal. Pour tout le linge de maison, privilégiez les matières naturelles comme le coton ou le lin.

N'oubliez pas d'installer des rideaux dans votre chambre, opaques et en tissus un peu lourds, pour freiner le 'Chi extérieur qui pourrait perturber votre sommeil (lumières de la ville, refroidissement de la température...).

En éléments de décoration, la pierre naturelle : statues en argile, roche, minerais, cristaux entraînant une meilleure stabilité du couple.

i) L'éclairage

Une chambre trop chaude, trop froide (si il est sain d'évoluer en journée dans une maison chauffée à 20°C, la température idéale pour dormir est de 18°C), tout comme trop éclairée ou trop sombre, perturbe. Version amour, les bougies par deux, et un éclairage élevant. Côté repos, lumière douce ne provenant pas du plafond, plutôt des lampes de chevet que des appliques qui engendrent parfois de la nervosité.

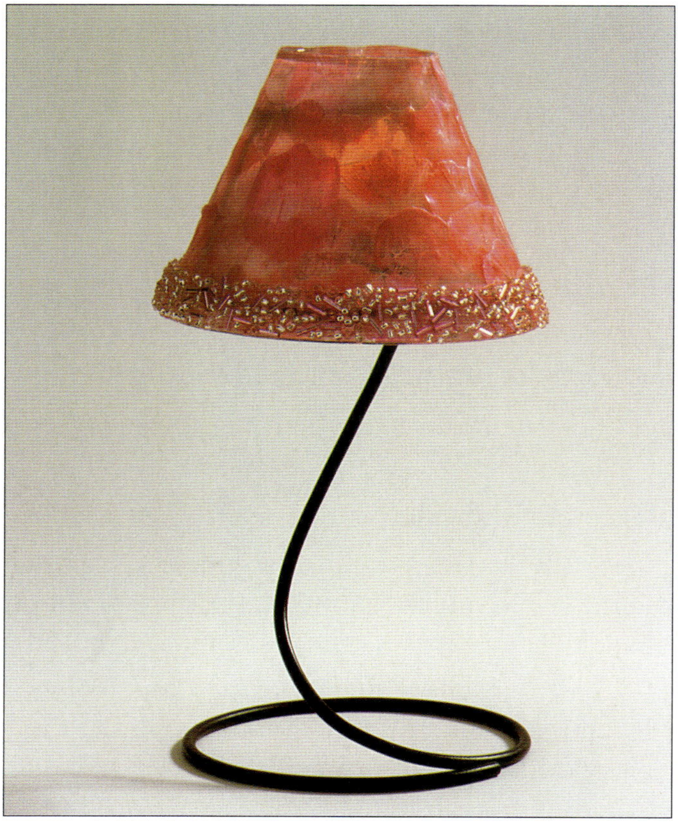

j) Les accessoires

Chiffre magique, le 2. Deux bougies, deux statues, deux tableaux où l'image sera celle d'un couple inconnu par exemple, deux animaux en pierre naturelle...

À proscrire, les photos de vous seul ou celles qui représentent des ou vos enfants qui provoquent un isolement du couple.

Prévoyez des placards fermés pour ranger les vêtements. Chaussettes et sous-vêtements dans les tiroirs d'une commode. Tout doit être hors de vue.

À proscrire, les plantes vertes, les fleurs et l'aquarium.

k) Les odeurs

Une chambre saine. Aérez pendant la journée, dormez la fenêtre close.

l) Les sons

Il faut éviter les installations électriques type appliques murales au-dessus de votre tête. Pareillement la télévision ou un appareil électronique face à vous. Disposez la nuit un tissu sur la télévision. Évitez de dormir avec l'ordinateur dans la chambre, fermez-le si vous n'avez pas le choix, voire débranchez-le.

Conseils

• Une règle impérative en Feng Shui :

pas la moindre trace d'eau dans la chambre, et rien qui la représente, pas de maquette de bateaux ou de tableaux représentant la mer. Si vos toilettes ou votre salle de bains se trouvent à proximité de votre chambre, fermez la porte de celles-ci et notamment le couvercle de la cuvette des toilettes.

• À éviter, tous les symboles du feu.

• À proscrire, un miroir face à votre lit car il renvoie dans votre corps les particules nocives physiques ou psychiques que vous venez de rejeter.

• À proscrire, les penderies et les placards entourant votre lit, cela a le même effet que les poutres.

• À proscrire : les fleurs séchées.

• À proscrire : tous les symboles de solitude, le double matelas par exemple. Il partage le lit donc il sépare votre couple. Idem pour les lits jumeaux.

• Si votre bureau est installé dans votre chambre, prévoyez une cloison ou un paravent pour séparer les deux zones.

Pareillement, si votre table de nuit est encombrée de dossiers, il est difficile de s'endormir. Idem si vous avez trop de livres dans cette pièce. Ne transformez pas votre lit en lieu de travail.

5) NOTRE SALON OU SALLE DE SÉJOUR

a) Son rôle

Le salon, temple de la détente ? Cet espace qui doit conjuguer le loisir – lire, écouter de la musique, rêver ou ne rien faire – la vie familiale et “ le savoir recevoir ” sans ostentation, doit allier le confort, primordial, à l'esthétisme. Non pas celui, bien mis, bien fait, genre “ salon témoin ” mais un qui vous ressemble, à votre image, à votre style de vie.

Quand on pénètre dans un salon, on s'y sent immédiatement à l'aise ou l'on ressent un sentiment de malaise comme si les propriétaires de ce lieu avaient conçu une décoration qui ne correspond pas à ce qu'ils sont. Cette pièce accepte un certain désordre du reste, car elle est une vraie pièce où la vie résonne et tinte. Il est primordial que son accès soit aisé à tous les membres de la famille ainsi le 'Chi bénéfique lui-même y circulera facilement. Des détails apportent cette note indispensable : bougies, bibelots, vases, livres et disques par exemple… Plus la salle de séjour s'arroge ce que vous aimez, plus vous vous y sentirez bien. Fermez les yeux et souvenez vous des lieux que vous avez appréciés, maisons d'enfance, restaurants, maisons d'amis... “ N'ayez jamais un objet qui paraisse inutile ou laid ” et pour ce qui concerne la décoration du salon, cette formule s'applique plus que jamais.

Votre séjour doit être la pièce la plus vaste et la plus Yang de votre habitation.

b) Situation géographique idéale

Idéalement, le salon doit de situer devant la façade principale et avoir deux portes, l'une qui communique avec l'entrée, l'autre donnant sur une autre pièce pour autoriser une meilleure circulation du 'Chi. Cela, en dehors d'une porte donnant accès aux toilettes. Poutres apparentes ou mezzanines ne sont pas conseillées. Les unes comme les autres bloquent les courants d'énergie. Si vous ne pouvez faire autrement, pour freiner les effets négatifs, installez une rambarde de spots lumineux ou des guirlandes de lumière pour relever l'énergie du 'Chi et évitez de placer vos meubles dessous et surtout le canapé.

c) Le Ba Gua

Le salon est la pièce qui comporte le plus de zones à équilibrer dans le Ba Gua. Sept zones sur huit. La zone Réputation :

élément majeur, le feu ; couleur majeure, le rouge. La zone Carrière : élément majeur, l'eau ; couleur majeure, le noir. La zone Richesse : élément majeur, le petit-bois ; couleurs majeures, le pourpre, le vert, le rouge. La zone Enfants : élément majeur, le petit métal ; couleur majeure, le blanc. La zone Santé et Famille : élément majeur, le grand-bois, couleur majeure, le vert. La zone Aide Extérieure et Communication : élément majeur, le grand métal, couleur majeure, le gris. La zone Connaissance : élément majeur, la petite terre, couleurs majeures, le vert, le noir, le bleu nuit.

d) Directions cardinales

Les emplacements favorables sont le Sud-Est, le Sud, le Sud-Ouest et l'Ouest de votre maison. Si l'entrée de votre salon est située au Sud-Ouest, vos relations et votre goût du relationnel devraient avoir un fort potentiel de développement. Par contre si votre salon est au Nord, utiliser des teintes comme le rouge ou le marron pour re-dynamiser le 'Chi. Votre salon au Nord-Est ou orienté Est, là où le Chi est particulièrement virulent. Privilégiez des formes et des matières Yin. Choisissez vos tapis dans des coloris jaunes, ocres ou bruns. Le 'Chi circulera mieux au niveau du sol ou sur un revêtement en matière naturelle comme le sisal ou le tapis de coco.

e) Les couleurs

Dans la zone réputation, favorisez les couleurs : le feu, couleur majeure, le rouge. Si vous avez une cheminée, c'est l'idéal. Il faut par contre installer fauteuils et canapés face à la cheminée et en même temps qu'ils ne soient pas dos à votre porte. Yang signifie la présence d'énergies très vivantes. Choisissez des couleurs vives et gaies. Évitez les couleurs tristes et sombres, les tableaux agressifs.

f) Les formes

Le salon lui-même doit être de forme carrée ou rectangulaire le plus régulier possible. Ce sont des formes Yang. Il ne faut pas que le mobilier envahisse trop l'espace. Optez pour une table basse carrée ou surtout ronde plutôt qu'une table ovale ou rectangulaire. Dans cette pièce à angles plus ou moins saillants et pour en freiner les effets négatifs, installez une plante à feuilles arrondies dans les coins ou des miroirs posés de telle manière qu'ils brisent les angles. Agencez aussi les meubles en carré face au canapé, en cercle ou de façon octogonale, évitez surtout l'agencement en L. Le salon est synonyme de convivial, voué aux rapports humains : l'idéal est de placer les canapés et fauteuils autour d'un centre de façon à obtenir le plus grand champ visuel de la pièce quel que soit l'endroit où l'on est assis. Il faut au moins deux fauteuils qui feront face au canapé. Canapés, fauteuils, chaises, seront positionnés ni dos aux portes, sentiment d'insécurité, ni dos aux fenêtres.

g) Matières et matériaux

La notion de confort est apparue à la fin du XVIIe siècle. Les premiers sièges tapissés, seulement au XVIIIe. Choisissez des canapés et fauteuils moelleux et arrondis. Ils doivent répondre à d'autres critères, en particulier de résistance. Les tissus en lin ou en coton ont un toucher agréable et pour vos coussins, choisissez de la plume ou du kapok pour les garnir. Les matières assimilées au confort sont donc plutôt naturelles comme la laine (un tapis de haute laine par exemple qui résiste à l'usure du temps), le coton qui se lave facilement ou les nattes sur le sol. Préférez le sisal ou le jonc de mer plutôt que la moquette qui freine l'énergie du 'Chi. Les bougies en cire d'abeille pour l'éclairage. Mais le véritable confort réside surtout dans la bonne répartition de la chaleur et de la lumière.

h) L'éclairage

Le salon est la pièce où s'effectuent le plus d'activités différentes. Il faut donc multiplier les sources lumineuses en jouant sur les ambiances et obtenir, à chaque moment, pour chaque chose, un éclairage adapté. Une lumière directe avec des halogènes à réflecteur et des mises en valeur de vos tableaux avec des lampes à incandescence linolite ou à réflecteur. Plantes et objets décoratifs seront mis en valeur ponctuellement par des lampes halogènes basse tension.

Pour éclairer votre vitrine décorative : la lampe à incandescence linolite est idéale pour répartir la lumière, tout comme les tubes fluorescents miniatures.

Autour du coin télévision généralement placé dans le salon, un léger éclairage sera parfait pour vous reposer les yeux.

i) Les accessoires

Au nord, pour votre carrière, de l'eau (aquarium, fontaine). Dans ce cas, n'en disposez pas au Sud-Est. Au Nord-Est, pour les études de vos enfants, disposer un vrai cristal de roche ou un quartz. Au Sud-Est, pour la richesse et la réussite, placez des plantes et de l'eau (aquarium, fontaine). Au Sud-Ouest, pour l'amour encore et toujours, pour la stabilité et le bonheur du couple, installez une statue ou un tableau évoquant un couple d'amoureux. Un beau bouquet de fleurs sera très bien adapté. Si vous êtes seul(e) et que vous souhaitez rencontrer l'âme sœur, ne mettez pas de pivoines.

À l'Est, pour la santé de votre famille et des parents, vous pourrez installer une plante verte généreuse.

Une lampe au décor de fleurs rouges ou violettes favorise l'énergie 'Chi.

Admettez la notion d'un certain désordre, journaux mis en évidence sur une table par exemple, prévoyez une série de rangements utiles. Des placards pour rentrer disques, boissons ou vidéos, des bibliothèques en bois, en verre ou en métal. Évitez la rangée ininterrompue, sur un mur de bibliothèques, vous risqueriez de vous sentir oppressés. Si vous avez des enfants, évitez que les jouets envahissent le salon, prévoyez une panière.

j) Les odeurs

Aérez. N'y fumez pas ou modérément si vous avez des enfants. Cette pièce est pour toute la famille.

k) Les sons

Écoutez de la musique, la télé ou travaillez sur un ordinateur. Une multitude de signes indiquant que la maison vit est bénéfique. Durant la journée, si personne n'est à la maison, prévoyez un animal domestique, chat ou chien mais surtout pas un animal en cage qui briserait le mouvement de la vie. Le téléviseur, oui, à condition de poser sur sa gauche une plante verte pour éliminer les ondes négatives sur l'énergie 'Chi. Placez-le aussi à bonne distance des sièges.

Conseils

- Évitez de garder les rideaux fermés.
- Un véritable feu est la meilleure énergie, pour en recréer une partie, utilisez des bougies, des lanternes et des lampes à huile.
- Attention, si vous choisissez le lin, l'osier, le rotin, le sisal, la fibre de coco, la laine, le coton, la plume..., des matières naturelles, à ce que personne ne soit allergique. Il faudra alors choisir plutôt des matières synthétiques qui limitent la prolifération des acariens.
- Dans le salon, on ne le répétera jamais assez, cette pièce où l'on reçoit doit être rangée mais demeurer vivante.
- Pour le ménage, investissez dans une machine à vapeur. Elle est très efficace et tout à fait saine. Quelques astuces pour nettoyer, sisal et fibre de coco avec simplement de l'eau savonneuse. Si votre tapis a des taches de graisse, répandez du talc, brossez puis passez l'aspirateur.
- Si vous êtes célibataires, dans le Sud-Ouest, posez un vase avec des roses rouges, elles sont d'excellents vecteurs d'amour ou une coupelle avec les cinq éléments (pierre, eau, bougies flottantes, fleurs fraîches posés sur l'eau à changer dès qu'elles sont fanées et sous la coupelle, un plateau en métal). Vous trouverez peut-être l'âme sœur.

6) NOTRE SALLE À MANGER

a) Son rôle

La salle à manger est l'une des pièces les plus conviviales. Un lieu où parents, enfants et amis se retrouvent et partagent non seulement le repas mais échangent surtout “ des zestes de vie ”.

La salle à manger ont en commun avec le salon ou la salle de séjour la fonction de communication. On peut y savourer tranquillement le plaisir de la rencontre et du dialogue. Il est vital de nos jours de prendre du temps pour s'écouter. Un repas qui se passe dans la tranquillité est source de détente.

Celle-ci est souvent partie intégrante de la cuisine ou du salon. Une conception que l'on adopte par manque de mètres carrés dans nos appartements.

La salle à manger doit présenter de la variété qui permet une réelle harmonie... le tout sans désordre apparent ! De nombreuses solutions astucieuses existent. De la tendance minimaliste à celle un peu plus vivante... jusqu'à la décoration d'une table ou à l'harmonisation des couleurs d'un plat en fonction des circonstances de la vie, de la saison, de l'année ou du repas dans la journée.

b) Situation géographique idéale

La salle à manger ne doit jamais être positionnée dans la partie la plus basse de votre maison. Évitez d'avoir à descendre des marches pour y accéder. Elle ne doit pas se trouver sous les toilettes du 1er étage.

c) Le Ba Gua

Zone Réputation, dans la maison, c'est une zone essentielle.

Zone Richesse, couleurs majeures, le pourpre, le vert et le rouge. Les toilettes et toutes formes d'évacuation d'eau sont absolument interdites dans cette zone.

Zone Santé et Famille, une zone où vous pouvez disposer tout ce qui se conserve à long terme, comme vos conserves, vos pots de confiture.

Zone Aide Extérieure et Communication. C'est la grande mode à l'heure actuelle d'avoir son ordinateur en bout de table, cela tombe bien, c'est un élément favorable à cette zone.

d) Directions cardinales

L'Est, pour un plein de vitalité. Dès le matin, la pièce est baignée de lumière naturelle, c'est vraiment l'idéal.

Le Sud-Est : cette direction cardinale est profitable pour les échanges.

L'Ouest : à cette direction correspond la notion de plaisir, particulièrement celle de manger, d'apprécier mets et vins (avec modération). Le soleil couchant entrant dans cette pièce pour le dîner apporte une sorte de tranquillité, une pause “ relax ”. Nous oublions nos soucis de la journée.

Le Nord-Ouest est la zone qui favorise plutôt vos repas d'affaires. Vous avez vos fenêtres orientées au Nord ou Nord-Est, vos relations amicales sont durables et votre profession devrait être plus stable.

e) Les couleurs

Tous les styles sont possibles, il suffit de dresser la table (nappe et vaisselle) chaque fois un peu différemment. N'hésitez pas à opter pour les rouges, carmin, grenat ou pour les violets et pourpres avec des notes d'or. Comme les Gallo-romains, utilisez des nappes en lin, de couleur. À cette époque, les invités apportaient leur serviette personnelle, de nos jours vous en trouvez des coordonnées. Mais vous pouvez jouer aussi sur deux couleurs pour la nappe et les serviettes et selon les saisons.

f) Les formes

La table ronde est préconisée par les Chinois, une table de 6, 8 ou 10 personnes mais ni 4, ni 12. Elle a l'avantage de faciliter le placement des invités et est plus cordiale car chacun voit l'autre.

Si ce n'est pas le cas, évitez qu'elles soient rectangulaires et trop longues. Il existe des " coins arrondis" qui servent à ce que bébé ne se blesse pas mais qui, ainsi, corrigeront la flèche Sha des angles.

g) Matières et matériaux

Les matières comme les verres en cristal et la nacre (manches de couteaux ou photophores) renforcent le côté Yang de cette pièce, l'énergie. Par contre, il faut éviter la table en verre.

h) L'éclairage

Une lumière douce, voire un peu orangée et bien sûr des chandelles, pas seulement pour les dîners en amoureux mais pour optimiser “ la paisabilité ” de l'atmosphère. Il suffit de quelques bougies en nombre pair pour étoffer le ‘Chi avec la symbolique du feu, et rendre ainsi chaleureux et convivial votre repas. Mangez sous une lumière douce mais cependant efficace. Il n'y a rien de plus désagréable que de ne pas voir ce que l'on déguste. Spot, lampe halogène, applique, lampe suspendue au milieu de la table ou par deux rails d'éclairage, à vous de choisir.

i) Les accessoires

Un miroir qui reflète la table est symbole d'opulence, de richesse. Par ce jeu de glace, vous multipliez les personnes et les aliments de la table.

Les tableaux s'illustrent d'images qui représentent également l'opulence : fruits ou symboles de croissance de la nature. À proscrire, les tableaux de chasse à courre par exemple avec des animaux morts ou pires encore, la tête de cerf ou de sanglier empaillé.

Une coupe de fruits avec notamment du raisin.

Veillez à disposer toujours en nombre pair vos chaises, vos bougies et ne pas laisser un vase ou une bouteille vide. Les chiffres impairs dans cette pièce évoquent la solitude et le chagrin.

j) Les odeurs

Les fumets de plats doivent impérativement vous ouvrir l'appétit. Préparez-les avec joie, ils n'en seront que plus goûteux. Après le repas, n'hésitez pas à aérer surtout si vous avez fait du poisson ; là, c'est impératif même s'il fait - 15°c dehors.

k) Les sons

Évitez la télévision, c'est un “ tue-dialogue ” et un facteur de bruit, donc de stress.

Conseils

Pièce synonyme de douceur extrême, de quiétude et de dialogue, favorisez l'arrondi, forme Yin.

7) NOTRE BUREAU

a) Son rôle

Travailler chez soi ou régler les affaires courantes exige une organisation et un espace approprié. Le développement du travail à temps partiel ou à domicile contribue à penser son bureau comme si nous étions en entreprise. Celui-ci, moins professionnel, doit être tout aussi bien pensé d'autant plus que le bureau est généralement situé dans la chambre. Tout aménagement de l'espace de travail est le reflet d'une bonne ou d'une mauvaise organisation. Il vaut mieux appréhender de manière correcte ses besoins en essayant de marier le mieux possible, espaces, rangements et outils techniques. Le tout, de façon rationnelle ! Nous ne sommes plus à l'ère unique du papier, de la vieille machine à écrire ni du simple outil qu'était le téléphone. Notre ère a vu naître une nouvelle dimension bureautique (même si le papier existe encore bel et bien) avec les micro-ordinateurs, le Net et des supports différents comme les CD, les microfilms qui modifient considérablement l'organisation du travail, la transmission des informations et donc l'espace et le mobilier. Dernier point crucial, les éléments du confort physique. L'ergonomie en entreprise traite ainsi du confort du siège, de l'éclairage (naturel ou artificiel), de l'environnement thermique et acoustique ainsi que de la couleur et des matériaux. Sans aller aussi loin, il faut néanmoins prendre en compte certains de ces aspects. La pièce qui sert de bureau, si vous avez ce bonheur, est plus que tous les autres lieux de la maison, un véritable territoire. L'orientation et le champ de vision, le positionnement par rapport aux autres pièces, la grandeur de cette sphère très privée déterminent les conditions de travail. Lieu où l'on partage toutefois la vie familiale en disposant d'un bureau près des pièces centrales et dont la porte reste ouverte ou lieu isolé propice à la concentration, à vous de concevoir et de choisir. Si vous travaillez à la maison de façon systématique, un endroit un peu à l'écart est souhaitable. Une fois l'endroit défini ; il faut penser à la nature des tâches que vous accomplissez quotidiennement et à vos habitudes de travail. Par conséquent, optimiser la surface disponible en adaptant selon ses besoins : la surface du plan de travail, la capacité de rangement, l'équipement " machines " et éventuellement d'affichage. Vient ensuite le choix des matériaux et des couleurs ainsi que des accessoires ou éléments de décoration divers (tableau, tapis...).

Le Feng Shui, appliqué à la pièce consacrée au travail, doit réduire le stress et augmenter le dynamisme et les capacités de travail, la concentration, pour un résultat optimal. Dans les villes d'Hong Kong ou à Taïwan, la majorité des sociétés font appel à un maître en Feng Shui lors de la construction de leurs nouveaux bureaux. Des entreprises comme British Airways ou Virgin ont aménagé leurs sièges selon les grands principes du Feng Shui. Visiblement ces deux enseignes ne sont pas en perte de vitesse côté profit. À vous d'en faire autant. Cependant, la plupart du temps, nous avons notre bureau dans la chambre. Cela peut s'avérer tout à fait possible à condition de bien séparer cette zone de travail du reste de la pièce consacrée au sommeil. Si tel n'est pas le cas, il en sera perturbé. Si vous ne disposez pas d'une pièce, vous pouvez installer une cloison ou ainsi une zone semi-cloisonnée qui vous protégera un tant soi peu.

b) Situation géographique idéale

Le bureau doit être un lieu isolé du bruit et des activités familiales pour favoriser la concentration.

c) Le Ba Gua

Le bureau a cinq zones possibles.

La Zone Réputation. Il faut de la lumière et l'exposition de vos diplômes ou autres réussites dans votre carrière.

La Zone Carrière. Il faut par exemple un tableau représentant une montagne, un meuble en bois style Antiquité ou bien une bibliothèque. Cette zone représente essentiellement votre force de travail.

La Zone Richesse. Il faut de l'eau. Sous forme de fontaine qui ruisselle, dans un simple bol contenant de l'eau qu'on prendra soin de renouveler chaque jour ou alors un aquarium.

La Zone Aide Extérieure et Communication. Tout objet rappelant l'ouverture sur le monde, vos voyages sauf ceux que vous avez fait dans des lieux désertiques. Photos, mappemonde... Et bien sûr, votre ordinateur.

La Zone Connaissance. La bibliothèque s'impose sur cette partie du mur.

d) Direction cardinales

Nord-Est, pour la concentration, l'Est pour les nouveaux projets.

e) Les couleurs

Le cadre de travail est essentiel pour une atmosphère propice à l'activité tout en étant reposant. Une harmonie visuelle est conseillée. Chaque couleur est une énergie. Les couleurs froides (bleu, vert, violet) sont relaxantes et donnent une impression d'espace. Les couleurs chaudes (orange, rouge et jaune) stimulent et tonifient, parfois irritent mais restreignent aussi l'espace. Le mieux, trouver un équilibre avec une teinte pâle qui agit moins sur nos sens.

Les couleurs favorables pour le bureau sont plutôt de nature à stimuler l'intellect. Le bleu et noir, pour l'amélioration de vos affaires mais n'en abusez pas. Blanc et vert sont liés aux rentrées d'argent. Attention pour le vert dans cette pièce, c'est une couleur qui apaise, trop de vert vous rendrait totalement inefficace. Le rouge, modérez-en les ardeurs. Trop de rouge rend agressif et non plus combatif. Le jaune développe vos relations sociales et vous dope telle la vitamine C. Si vous avez un petit bureau, n'en abusez pas, cette couleur est trop vive. En petites touches, le jaune vous donnera ce qu'il faut d'énergie. De type Yang, la couleur pourpre reflète plus le respect social de votre position hiérarchique et de la reconnaissance de votre travail.

f) Les formes

Cette pièce privilégie les formes carrées et rectangulaires. Pour adoucir les angles, mettez des plantes et quelques objets en rondeur, plus Yin.

g) Matières et matériaux

Installez votre table de travail et votre fauteuil avec un mur derrière vous. Ne vous mettez pas dos à la fenêtre ou à la porte. À la porte, c'est évident, nous n'aimons pas que les personnes nous surprennent. Utilisez des formes harmonieuses. Les matériaux en finition laquée, métal ou verre, donnent une sensation de netteté et de rigueur. Avec du bois et du tissu, l'atmosphère devient plus chaleureuse.

Si vous choisissez un bureau en bois clair, vous aurez moins de stress, plus de sérénité. Posez un cristal de roche à côté de vous pour vous aider à vous concentrer ou une statue en pierre.

Prenez une chaise avec un bon dossier qui vous soutiendra. Position non naturelle pour l'homme, elle implique de bien choisir son siège surtout si vous travaillez plus de 1500 heures par an en position assise. Choisissez un siège dont la forme et l'inclinaison n'entraînent pas une mauvaise position de la colonne vertébrale ou une pression sur les disques intervertébraux. Évitez un dossier trop vertical (gêne la respiration), une assise trop molle ou un rebord de siège trop dur et vérifiez la hauteur d'assise.

Une assise arrondie, légèrement inclinée vers l'arrière, un dossier souple avec un mécanisme pneumatique est l'idéal. Le plus, le siège à roulettes qui se déplace où l'on veut, quand on veut.

h) L'éclairage

Très important, car s'il est inadapté, il est générateur de fatigue visuelle entraînant parfois des maux de crâne. Il faut allier l'éclairage naturel à l'artificiel qu'il soit général, d'ambiance ou d'appoint. De façon générale, un éclairage d'ambiance de type diffus complété par des éclairages d'appoint (la lumière directe avec des halogènes à réflecteur pour lire par exemple) suffisent. Trop d'écarts ou de contrastes de luminance sont à éviter. En ce qui concerne la lumière naturelle, la mise en place de stores peut s'avérer nécessaire. Privilégiez l'emplacement des luminaires au Sud.

i) La bureautique et les accessoires

• Le poste informatique doit être positionné perpendiculairement à la lumière et si possible à un ou mieux deux mètres de la façade. Pour parfaire cette position, il faut que l'utilisateur ne soit pas dans le champ visuel immédiat de la fenêtre. Sa position géographique favorable est à l'Est ou au Nord-Ouest ou bien à l'Ouest et au Nord qui sont des zones métal. Au pire la situation dans le Nord-Est est possible. L'ordinateur, élément métal et les logiciels, éléments eau, entraînent une communication dans une même harmonie. Vous pouvez l'acheter avec les couleurs apparentées, bleu, noir ou gris. Ne vous plaquez pas à votre ordinateur, 50 cm de distance sont nécessaires pour éviter les rayonnements de l'appareil, pour en absorber les ondes émises plutôt négatives. Mettez une plante à côté mais pas à feuilles pointues. Sur le bureau de votre ordinateur, classez vos icônes en fonction des zones du Ba Gua.

• Le téléphone portable (ou pas) doit être installé dans la zone Nord-Ouest.

• Les petites touches de décoration comme les photos de votre famille doivent se situer à l'Ouest ou à l'Est ; quant aux photos ou tableaux représentant des paysages, choisissez le symbole de la Tortue, animal protecteur, comme la montagne, à mettre sur le mur dans votre dos.

j) Les odeurs

Obligez-vous à fumer sur votre balcon. Un ionisateur d'air ou un purificateur ne suffisent pas pour éliminer la fumée de cigarette. Aérez chaque matin pour une bonne énergie du 'Chi.

k) Les sons

Difficile dans un appartement d'avoir 100 % de “ non-bruit ”. Mais le bruit est facteur de gêne et de déperdition d'énergie. Par conséquent, il vaut mieux éviter de vous installer côté rue par exemple ou trop près des sources de bruit de la maison comme la télévision ou la chambre de vos enfants. Des fenêtres à double vitrage sont conseillées. Dans cet espace, l'énergie extérieure des vibrations sonores nuit à la concentration et fatigue.

Conseils

À éviter :

Travailler en tournant le dos à la porte ou à la fenêtre, face à un pilier ou sous une poutre, avec des dossiers suspendus ou des étagères derrière sa tête ou au-dessus.

Conserver de vieux dossiers sur sa table de travail·

Poser un miroir qui, par son essence même, disperse la concentration.

Poser une horloge qui stresse.

À faire absolument :

Être assis en face ou en biais face à la porte pour contrôler les passages et les entrées des autres personnes devant ou dans votre bureau.

Poser la pile de ses dossiers en cours à gauche et aussi à droite mais celle de gauche doit être plus épaisse.

Aucun capharnaüm sur sa table de travail et de façon générale dans son bureau. Cela vous permettra d'aller plus vite à l'essentiel du travail à accomplir.

Disposez toujours des plantes, catalyseurs des flux d'énergie ; elles développent les initiatives et l'esprit d'entreprise.

Évitez à tout prix la poussière dans ce lieu.

8) NOTRE SALLE DE BAINS

a) Son rôle

Émotion d'eaux. Aujourd'hui la salle de bains n'est plus uniquement synonyme de propreté, elle ambitionne d'être une véritable pièce à vivre, esthétique, moderne et douillette. C'est depuis les années quatre-vingts qu'est survenu le grand engouement pour une salle de bains répondant à la volonté d'en faire un lieu de détente, de béatitude. Une vogue de vagues " polysensuelles " où tous les plaisirs de nos cinq sens doivent être flattés. Oui, " polysensualité " est le dernier mot à la mode pour l'ambiance bains. Et si la tendance reste encore dans les teintes claires, intemporelles et d'aspect minimaliste, les couleurs en fond ou en touches sont de plus en plus d'actualité pour poser des notes de gaîté, de gourmandise dans ce lieu qui désormais se veut une véritable pièce comme la cuisine ou le salon. Les nouveautés souhaitées sont intimement liées à l'esthétisme : tuyauteries cachées, meubles de rangement plutôt colorés mais qui peuvent se déplacer dans une autre pièce. Combien d'entre nous passons notre temps à inverser les pièces ou les meubles ? Autre rêve, une pièce individuelle ou semi-individuelle avec double lavabo par exemple et non plus collective (qui n'a pas pesté le matin en découvrant la baignoire non vidée, le lavabo avec du dentifrice ou autres petits malentendus du réveil ?). Utilisation d'objets détournés, variations de jets d'eau pour un bien-être optimum avec pour exigence, pour nous, d'en bénéficier sans contrainte. Si d'importants progrès technologiques au niveau des sanitaires (confort de l'eau chaude accumulée avec les gammes à ventouses, à microventouses et chambre étanche), de la balnéo, du carrelage aussi, se sont réalisés ainsi que dans des apports tels qu'une chaîne Hi Fi incorporée, nous avons encore tendance à bricoler dans notre salle de bains et il faut l'avouer, c'est rarement une réussite. Mais force est de constater que le luxe est entré ou veut se faufiler par la grande porte de la salle de bains pour un bien-être optimal jusqu'au confort acoustique. Des bulles à buller en pagaille ! L'hydromassage, l'hydrothérapie, autant de déclinaisons en matière d'hydro avec une gamme de rampes dorsales, d'injecteurs à rosace, de buses orientables ou obturables, d'hydrojets... sans oublier le clavier de commande ! Systèmes eau, air, mixte, surfez dans votre baignoire ou votre douche. La grande tendance aussi est désormais tournée vers la valeur thérapeutique.

La salle de bains est l'une des pièces les plus intimes de la maison. Généralement de petite dimension, elle est malgré tout propice à la détente et devrait nous permettre de nous accorder un peu de temps pour nous-même. Dans le Feng Shui, il est même souhaitable de posséder une salle de bains – lieu d'eau principalement mais à forte teneur de bois et de métal – plutôt petite mais lumineuse. La salle de bains est une pièce dont émanent énormément d'énergies car l'eau, très vive est Yang. L'eau renforce les influences du 'Chi, cependant, sans différencier bon ou mauvais 'Chi. Les peintures dans votre salle de bains doivent résister à l'humidité qu'il s'agisse de la buée dégagée par les jets d'eau bouillante ou des lavages répétés à l'éponge de vos murs. De nouvelles peintures aux performances techniques incroyables sont apparues sur le marché. On devrait entrer dans sa salle de bains dans le même esprit que lorsque l'on va aux thermes ou au hammam, prêt à s'accorder un moment de plaisir. Mais les impératifs de la vie moderne ne nous le permettent pas toujours et la rapide douche matinale emporte les quelques brumes de sommeil persistantes en même temps que les impuretés corporelles. La salle de bains est le cocon où l'on apprend à s'aimer sinon à s'accepter. Ce moment intime doit nous permettre de partir chaque matin avec entrain et volonté.

b) Situation géographique idéale

Située loin de l'entrée de votre maison, et si possible pas au fond du couloir, A éviter impérativement : que votre salle de bains se trouve au-dessus de votre entrée ou de votre cuisine si vous habitez une maison ou un duplex. Cette pièce ne doit surtout pas être localisée au cœur du logement, centre du Tao ni en vue de la porte d'entrée. Ainsi positionnée, une bonne circulation du 'Chi s'effectue.

L'écoulement des eaux usées vers les égouts symbolise la perte d'argent, la fuite de l'énergie physique et le déséquilibre psychologique.

Lorsque la porte de la salle de bains donne sur une chambre, vous pouvez craindre une morosité latente voire une dépression ; si elle donne sur la cuisine, attention aux ulcères gastriques et problèmes intestinaux.

Le pire des cas est lorsque la salle de bains fait partie intégrante de la chambre.

La chambre, lieu d'amour s'unit à la salle de bains, lieu des écoulements. Fatigue et manque de communication brise votre couple en vous éloignant l'un de l'autre. Petit à petit la complicité qui régnait entre vous disparaît. Même s'il n'y a pas mésentente, la passion se retire.

Pour remédier à ces inconvénients, recouvrez la porte extérieure de la salle de bains d'un miroir haut et rectangulaire, aux angles biseautés. Cette porte devra toujours être fermée. Pour pallier aux ouvertures fréquentes ou aux oublis, suspendez une boule de cristal à facettes proche de la porte.

c) Le Ba Gua

La place idéale de la salle de bains se situe dans la zone " Santé " (famille) du logement. Hygiène et beauté sont les composants du bien-être pour se plaire et plaire aux autres. Si ce n'est pas le cas chez vous, animez cette zone à l'intérieur de la salle de bains, par des objets brillants, une lumière ou des objets personnels comme votre parfum préféré.

d) Directions cardinales

Vous ferez peau neuve au Sud-Est ou à l'Est associés au Bois, alimenté par l'Eau. Le Nord peut être également envisagé dans la mesure où cette direction a pour élément l'Eau. Avec une volonté de faire attention à son apparence, de plaire et de se plaire, votre salle de bains va devenir un atelier de mise en beauté et de séduction. Attention aux abus, des reproches moralisateurs risquent de réfréner vos emportements.

e) Les couleurs

Les couleurs favorables pour la salle de bains sont plutôt le blanc, le bleu, couleurs définies de l'élément Eau dans le Feng Shui ainsi que le vert ou le turquoise, couleurs de l'élément bois. Dans le cycle constructeur, le métal donne l'Eau nourrissant le Bois ; vous pouvez donc oser certaines touches de noir et des teintes liées au métal comme les tons or, argent ou inox. L'or et l'argent sont le symbole de la richesse. Dans la salle de bains et dans une autre pièce de la maison, n'hésitez pas à les agrémenter de ces teintes mais en bonne mesure.

f) Les formes

Toutes en volupté, les formes courbes dominent " l'aqua-royaume " où les gouttes d'eau perlent le long des rideaux plastifiés et des vitres embuées. La robinetterie affiche ses rondeurs, la poubelle enfle sous le volume de ses boules de coton multicolores. Lavabos et baignoires retiennent leurs eaux tandis que les flacons économisent parfums et laits soyeux. Préférez la vasque ronde que vous pouvez choisir en Inox. Pour conforter les bienfaits du bain et notamment ceux des " hydro en tout genre ", la baignoire doit avoir un dossier et un repose-tête aux inclinaisons et aux formes épousant le corps.

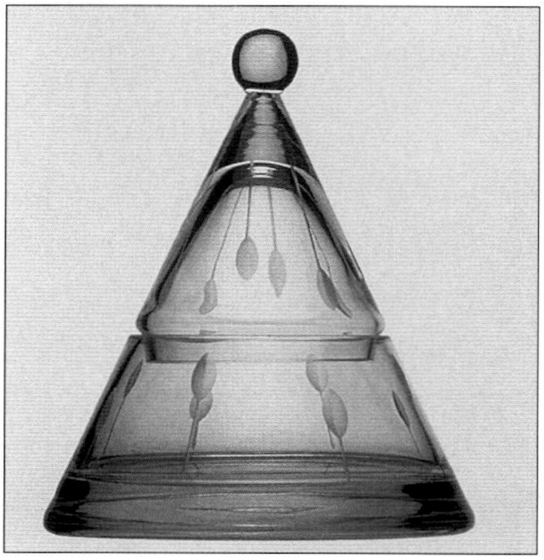

Pour faire face à l'envahissement de toutes ces lignes féminines, on ordonne dans ce volume quelques segments droits et angles pointus : carrelages, étagères, petits mobiliers, encadrement de fenêtres et plinthes sans oublier les matières souples comme le rideau de douche au tombé rectiligne.

g) Matières et matériaux

Privilégiez les matériaux durs imperméables : marbre, pierre, carrelage, et lisses : bois vernis, verre, plastique, pour en faciliter l'entretien. Les accessoires chromés dynamisent la mobilité du Chi. Les textiles ou matières douces apportent le contraste nécessaire à l'équilibre Feng Shui : voiles de coton, draps de bains, blaireau épanoui, houppette poudrée...

Une ligne de carreaux d'un épais verre dépoli, éclairée en son milieu peut former une allée centrale, une colonne lumineuse, une arche ou une frise murale.

Fabriquez des décors en matière souple : bambou, liège, paille, rotin ou tresses de ficelle naturelle ou teintée, tous deux vernis.

h) L'éclairage

Fixez des spots au plafond ou accrochez des appliques murales supportant des ampoules à forte puissance. La lumière vive stimule l'énergie. Évitez une unique source lumineuse centrale au plafond. Ajoutez un petit éclairage adapté aux soins de près : rasage, épilation, maquillage.

Un éclairage naturel est recommandé, à vos fenêtres. Posez des stores à lamelles qui laissent passer la lumière du jour tout en garantissant cet espace plus que privé.

N'hésitez pas pour la lumière, cette pièce doit être très bien éclairée. Il existe aussi, très surprenant, un robinet qui fait couler de l'eau lumineuse avec un choix de couleurs variées. On peut y voir quelque chose de magique, de féerique.

i) Les accessoires

On ne peut concevoir le Feng Shui sans miroir. Choisissez-les, aux formes arrondies, pas trop grands et de préférence, légèrement teintés. Quittez la salle de bains d'un pas décidé, le teint lumineux et d'humeur radieuse. Certains miroirs se vendent sous forme de carreaux adhésifs ; ils ne sont pas recommandés car ils renvoient une image morcelée, créant un effet déstabilisant particulièrement pour ceux et celles qui vivent dans l'ambiguïté. Vous pouvez apposer de nombreux miroirs mais jamais face à face.

Tous les autres petits ustensiles de la salle de bains doivent être pratiques et en quantité limitée, ils ne doivent pas envahir cet espace de totale liberté pour le corps révélé. Déclinés en différents styles, matières et couleurs, ils donnent une unité à la pièce et renforcent son rôle prépondérant.

Par ses accessoires, votre salle de bains se dévoile être un havre de paix, un institut de beauté, un laboratoire d'hygiène, un lavoir ou un lieu d'échange. Les serviettes éponge, gants de toilette et tapis de bains d'une extrême douceur nous enveloppent à la sortie du bain. Choisissez-les de façon uniforme dans les teintes autorisées par le Feng Shui. Vous pouvez cependant en mettre des plus toniques de temps en temps, jaune ou rouge quoique l'eau éteigne le feu. Mais une journée où vous avez beaucoup à faire, pourquoi pas…

j) Les odeurs

Il est agréable de prendre la salle de bains après son conjoint. On se laisse emparer par une douce tiédeur aux effluves reconnus. Choisissez avec précaution chaque composant car tous vont se mêler pour former une enveloppe vaporeuse qui va vous ceindre quelques heures.

Les odeurs subtiles émanent des produits secs : poudre libre, talc, déodorant en stick, galets parfumés... Les solutions diluées, perles de bain, gels de douche, shampooing, huile de bains, pains dermatologiques..., exaltent leur parfum le temps de l'ablution. Les produits naturels comme les huiles essentielles, les algues peuvent êtres dilués dans l'eau (à condition qu'ils ne soient pas moussants) pour renforcer les propriétés toniques ou relaxantes. L'utilisation de l'ozone, permet, quant à elle, par la dilatation des pores, une meilleure pénétration des oligo-éléments ainsi qu'une action désinfectante et anti-bactérienne pour une meilleure résistance de votre peau. Les soins appliqués sur le corps bénéficient d'un effet prolongé : après-rasage, eau de toilette, parfum, huile sèche, lait hydratant, vernis à ongles… Les émanations des huiles essentielles, bougies et encens vont envahir l'espace.

k) Les sons

Le clapotis de l'eau a un effet apaisant. S'il n'est pas véritablement nécessaire d'ajouter d'autres sources sonores dans cette pièce, appréciez toutefois une musique douce, classique ou de type zen. Posez une bougie allumée en face de vous et vous chasserez le stress de votre journée. Si, qui plus est, votre baignoire est à multi-jets, votre séance Spa est bénéfique aussi bien pour votre corps que pour votre esprit. Idée plus : tapissez votre baignoire d'un drap de coton blanc, offrez-vous un bain ! Dépaysant. Calme et volupté assurés.

Le téléphone portable est interdit de salle de bains, ne le laissez pas perturber votre moment de sérénité.

Conseils

• Il faut éviter à tout prix que l'eau s'échappe sans contrôle. Avec un pommeau de douche à "interrupteur", vous pouvez couper l'eau ou l'ouvrir en conservant la pression et la bonne température.

• Vérifiez et changez vos joints de robinets également. Et pensez à les débarrasser du calcaire régulièrement. Les robinets, esthétiques, certes, doivent être aussi en priorité économiques. Une robinetterie en laiton est plus écologique (avec une commande éco-stop) et dure plus longtemps. Les limiteurs de débit et les joints en céramique sont de plus en plus actuels. Mitigeurs et robinets thermostatiques sont recommandés.

• La température idéale de votre bain doit être de 37°C.

• Rangez, après usage, les crèmes et autres produits essentiels à l'hygiène ou à la beauté. Repliez les serviettes de bains. L'idéal : avoir un sèche-serviettes pour éliminer le maximum d'humidité dans votre salle de bains.

• Pour réduire le Sha des vasques, bidets et baignoires, on veillera à bien aérer pour bénéficier d'une atmosphère saine et sèche. Leur fonction d'assainissement implique l'élimination de la saleté en transit dans les siphons et tuyauteries apparentes. Afin que le 'Chi de la pièce avoisinante ne suive pas le même chemin, mieux vaut fermer toutes les ouvertures : abattant, bonde, rideau de douche et porte.

• Quelques plantes vertes en nombre impair (salle de bains = Yin, nombre impair = Yang) dans les angles ou au centre de la pièce ainsi qu'un chauffage d'appoint ou un porte-serviettes chauffant absorberont l'humidité ambiante et réduiront la stagnation du 'Chi. Les radiateurs sèche-serviettes à échelle ou dépourvus d'échelles sont à eau, électrique, rayonnant à inertie ou à double emploi. Les serviettes chaudes et sèches, c'est un enveloppement divin.

• À l'intérieur de la porte, fixez un poster d'une personne au corps sculptural ou accrochez au mur quelques petits cadres de détails choisis : un sourire, une épaule musclée, un regard d'enfant... Agrandissez puis découpez les photos des gens que vous aimez. L'image choisie doit apporter l'envie de vivre pleinement sa journée.

9) LES TOILETTES

a) Son rôle

Le rôle des toilettes est de répondre à un besoin vital, réflexe de purification intérieure, lié aux cycles de vie, en évacuant ce qui est mort dans les profondeurs de la terre.

Nées il y a un peu plus d'un siècle, elles nous sont devenues indispensables. Elles nous ramènent pourtant à un stade régressif, en opposition avec le reste de la maison.

Les excréments sont utilisés en médecine traditionnelle. Ils symbolisent la force vitale dont les vibrations radiesthésiques correspondent à celles de l'or. En botanique, ils favorisent la croissance des jeunes pousses. Cette expulsion biologique est comparable à la putréfaction, matrice du vers et du champignon.

Les toilettes peuvent donc être considérées comme l'antichambre de la régénération.

b) Disposition géographique idéale

Il est difficile de situer cette pièce tant son influence est négative. Souvent, les toilettes vont de pair avec la salle de bains. Autant se référer aux zones favorables de la salle de bains dans ce cas. Si vos toilettes sont individuelles, elles ne doivent surtout pas être au centre de la maison car elles aspirent l'énergie vitale des autres pièces.

- Toilettes/Lit

Ne disposez pas dos-à-dos les toilettes et le lit séparés par une cloison. Les dormeurs connaîtront une mésentente ou un divorce. Fatigue intense et maladies sont d'autres conséquences de cette configuration.

Le remède : aménagez un miroir derrière le lit du sol jusqu'audessus de la tête.

• Toilettes/Cuisinière

Si les toilettes juxtaposent la cuisine, il est préférable d'en éloigner les fourneaux afin que le consommateur ne souffre pas de problèmes digestifs.

Le remède : déposez un miroir derrière la cuisinière du sol jusqu'au bas de l'élément supérieur.

Les toilettes situées à l'étage, au-dessus d'un lit ou d'une cuisinière ont les mêmes effets.

Le remède : fixez au-dessus du dormeur et des plaques de cuisson une boule à facettes de cristal au bout d'un ruban rouge dont la longueur est un multiple de 9 cm.

Les portes des toilettes et de la chambre ou bien des toilettes et de la cuisine ne doivent pas se faire face.

Le remède : suspendez une sphère à facettes de cristal à mi-chemin entre les deux portes.

c) Ba Gua

Éclairez le mur correspondant à la zone Santé et Famille du Ba Gua, en fonction de son orientation.

Pour contrebalancer la fuite des capitaux évoqués comme nous l'avons vu précédemment par l'eau et les excréments, accrochez ou déposez sur une étagère métallique un élément décoratif brillant, du métal de votre choix, dans la zone “ Richesse ”.

d) Les directions cardinales

Idéalement, les toilettes devraient se situer au Nord-Est, adossées à un mur extérieur dans le tétragramme Ken, marqué par l'isolement.

Le court moment de solitude, généralement respecté, offre un temps de réflexion sur les problèmes familiaux ou professionnels à régler - libérer son corps pour libérer son esprit.

Quitter le lieu après s'être lavé les mains pour effacer toutes traces de son passage et regagner l'espace social.

e) Les couleurs

Les couleurs qui s'apparentent à l'eau : bleu clair, vert clair et blanc apportent une note de fraîcheur. Si l'émail des toilettes et du lavabo est blanc, choisissez un sol foncé. La gamme de l'écru au jaune paille s'accorde avec le bois.

Préférez les couleurs brillantes aux tons mats, le 'Chi s'en trouvera renforcé.

f) L'éclairage

Même si certaines personnes profitent de l'occasion pour y lire quelques articles de journaux ou de courtes bandes dessinées, un éclairage discret est plus adapté à cette petite pièce. Une applique avec un variateur permet d'aborder la première visite matinale sans agressivité pour les yeux.

g) Les formes

Comme toutes les pièces d'eau, le Yin prédomine dans les toilettes. L'apport du Yang se fera par de petits savons colorés et des blocs de désodorisants aux senteurs citronnées.

h) Matières et matériaux

La priorité va à l'entretien dans le choix des matériaux lisses supportant des nettoyages répétitifs avec des produits désinfectants. Le papier peint lessivable ou la peinture glycéro agrémente la pièce la plus souvent visitée.

De la peinture sur verre transformera votre fenêtre en vitrail transportant ainsi une lumière spirituelle sur la matière.

Évitez les papiers peints surchargés ainsi que les lignes croisées qui ne feraient que réduire une pièce déjà étroite. Un petit miroir fixé au-dessus du lave-mains joindra l'utile à l'agréable.

i) Les accessoires

En nombre restreint ; ils ne doivent pas retenir le 'Chi qui a bien du mal à circuler dans une telle configuration. Optez pour des accessoires chromés, plastifiés ou en verre plutôt qu'en bois.

Une petite plante verte, couleur nourricière, placée près de la fenêtre, au fond de la pièce, accentuera l'effet de profondeur.

j) Les odeurs

La dernière génération de désodorisants ne se charge plus de masquer les mauvaises odeurs mais de les détruire puis de parfumer l'air ambiant.

Pour désodoriser de façon naturelle, on peut faire brûler du papier d'Arménie ou humidifier un carré de tissu en ajoutant quelques gouttes d'huiles essentielles de coriandre ou de myrrhe que l'on déposera sur une source de chaleur.

k) Les sons

Inutile d'accrocher un carillon à la porte pour signaler vos allers et venues, ce qui manquerait de discrétion.

Pour couvrir des bruits disgracieux, les Japonaises utilisent un mini émetteur de bruit de chasse d'eau pas plus grand qu'un porte-clés. De la musique peut très bien remplacer cet objet encore difficile à trouver.

Conseils de décoration

Il est difficile de situer cette pièce tant son influence est négative. On craint que les eaux souillées drainent, en s'évacuant, le 'Chi de la zone limitrophe. La fréquentation de ce cabinet nécessite non seulement un entretien régulier mais une désinfection quotidienne. Après usage, l'abattant doit toujours être refermé en même temps que l'on actionne la chasse d'eau.

L'eau représentant l'argent, le couvercle fait obstacle aux pertes financières. Dans le cycle productif des éléments, l'eau fait croître le bois. Une plante verte stabilisera le budget de la famille.

L'air vicié s'évacue de préférence par une fenêtre. Un boîtier d'aération relié à l'interrupteur reste une solution convenable pour une pièce aveugle.

Ne décorez surtout pas vos W.-C., qu'ils soient les plus simples possibles.

Ne laissez pas s'échapper l'eau. Si votre chasse d'eau n'a pas de dispositif ad hoc pour économiser le flux continu de l'eau, mettez un objet de taille moyenne dans le réservoir d'eau, qui se remplira et se videra moins.

Mettez la pleine puissance pour un nettoyage minutieux.

10) LA CHAMBRE DE NOS ENFANTS

a) Son rôle

Ils n'y dorment pas seulement un tiers de leur vie comme les adultes. C'est aussi une zone d'activités : travail scolaire, loisir créatif, lecture..., créations de tout poil. La chambre des enfants doit être leur lieu privilégié, là où ils peuvent se réfugier en cas de gros chagrin (expériences de dépit dans les amitiés ou les amours, par rapport au monde adulte, cela commence tôt) mais aussi de joie. La décoration sera à leur image, la plus chamarrée, la plus imaginaire (à développer en priorité) et la plus poétique. Respecter avant tout ce qu'il aime tout en essayant de contrôler ses goûts s'ils sont trop inharmonieux.

b) Situation géographique idéale

Tout comme la chambre d'adultes, la chambre des enfants doit être le plus loin possible des lieux de vie comme le salon ou la salle à manger. Il est préférable de ne pas avoir de fenêtres sur le mur opposé à la porte, pour éviter que le 'Chi ne disparaisse trop rapidement.

c) Le Ba Gua

Dans la zone Connaissance, mettez son bureau. Son lit ne doit pas être face à l'entrée et donc reculé par rapport à une arrivée directe du 'Chi venant de l'entrée de la chambre. Zone Amour et Zone Santé-Famille sont également à privilégier en décorant les murs de sa chambre avec ses propres dessins.

d) Directions cardinales

Les meilleurs secteurs pour une chambre sont les orientations Nord, Nord-Ouest ou Ouest.

e) Les couleurs

Sa chambre accepte des couleurs, beaucoup de couleurs.

f) Les formes

Privilégier les tables de chevet rondes ou ovales, aux tables carrées qui envoient des flèches négatives vers le dormeur.

g) Matières et matériaux

Utilisez une peinture sans solvant et doté du label " contact alimentaire " sans produit toxique. Lécher les murs est une des passions de nos chers petits.

Le lit : une structure en bois y compris les lattes est plus confortable que celle qui est en métal. Pour tout le linge de maison, privilégiez les matières naturelles comme le coton ou le lin.

N'oubliez pas d'installer des rideaux dans votre chambre, opaques et de tissus un peu lourds, pour freiner le 'Chi extérieur qui pourrait perturber votre sommeil (lumières de la ville, refroidissement de la température...).

h) L'éclairage

Une chambre trop chaude, trop froide (si il est sain d'évoluer en journée dans une maison chauffée à 20°C, la température idéale pour dormir est de 18°C) tout comme trop éclairée ou sombre perturbe. Une ampoule colorée de rose atténuera les effets du 'Chi pour réduire les activités de la journée. Côté repos, une lumière douce ne provenant pas du plafond, plutôt des lampes de chevet que des appliques qui engendrent parfois de la nervosité. Apprenez à vos enfants le bon geste : éteindre les lumières en quittant la chambre.

i) Les accessoires

• Dans la journée, une plante dans sa chambre est possible mais une plante dont il s'occupera seul, (arrosage, retrait des feuilles mortes) et qu'il verra grandir comme lui.

• Dans le Nord-Est (études) un cristal de roche pour la concentration.

• Dans le Nord (carrière), accrochez une image avec des arbres forestiers de votre région.

• Pour leurs brouillons, leurs dessins, du papier recyclé.

• Des jouets en bois.

j) Les odeurs

Une chambre saine. Aérez pendant la journée, surtout s'il a fait de la peinture ou des collages, mais qu'il dorme la fenêtre close pour éviter le passage des énergies extérieures.

k) Les sons

Game Boy, baladeur, ampli, apprenez-leur à limiter le niveau sonore, à ne pas crier, à ne pas mettre leurs tubes préférés à plein volume : le bruit est aussi une pollution.

Conseils de décoration

• Soyez le plus écologique possible dans cette pièce. Piles sans mercure, calculatrice solaire, plus écolo qu'une calculatrice à piles.

• Évitez les lits superposés, car vos enfants dormiront l'un comme l'autre avec peu de recul par rapport au plafond ou par rapport au lit supérieur. Cela fait à peu près le même effet que les poutres.

11) NOTRE ATELIER & NOTRE BUANDERIE LES PIÈCES ANNEXES

a) Son rôle

Ces pièces annexes ont une double vocation : s'isoler et travailler. Elles doivent être équipées de nombreux rangements : étagères, casiers, meubles à tiroirs afin de ne pas se laisser envahir par le désordre. Tout doit être à portée de main ou à quelques pas.

Les activités de la maison sont yin : lavage, repassage, bricolage ; les décors garderont la même tendance, une fonctionnalité à toute épreuve.

Attention à ne pas se réfugier trop souvent dans ce qui pourrait devenir une retraite. Ne fermez pas la porte et supprimez rideaux et stores. L'atelier est un jardin secret par ses cultures et par ses tâches mais ouvert aux regards des autres.

b) Disposition géographique idéale

Ces pièces Yin peuvent se situer près de la cuisine, autre lieu de travail et d'innovation. La proximité d'un point d'eau apporte les flux énergétiques sans absorber l'inspiration créatrice.

Ces deux pièces nourrissent l'âme et le corps pour une meilleure synergie.

c) Le Ba Gua

Dans la buanderie, le linge plié et repassé ainsi que les ouvrages terminés se rangeront dans la zone “ Famille ”.

Dans un atelier, s'il s'agit d'un travail intellectuel, les productions telle la rédaction de livres ou la composition musicale seront placées dans l'angle gauche de la pièce, dans la zone “ Savoir ”. Pour un projet qui doit mener à une nouvelle orientation professionnelle, les plans et concepts se rangeront près de la porte d'entrée, en face, dans la zone " Carrière ". Les inventeurs travailleront à leur découverte, au fond de l'atelier et face à la porte dans la zone " Renommée ".

d) Les directions cardinales

L'atelier se situe de préférence dans un rayon allant du Nord-Ouest au Sud-Est en privilégiant l'axe Nord du trigramme k'an, synonyme du travail et de l'ambition.

Le trigramme ch'ien qui apporte énergie et persévérance convient à la buanderie.

e) Les couleurs

Les tons clairs sont appropriés car ils agrandissent l'espace. On évite le blanc qui fatigue la vue, donc, non recommandé dans un petit espace de travail. Étiquettes ou bordures de tiroirs aux couleurs vives permettent un repérage rapide, donc un gain de temps.

f) L'éclairage

Le spot ou la lampe de bureau cible la zone d'activité et favorise la concentration. Si l'atelier est réservé à une activité artistique, on privilégiera la lumière naturelle inondant la pièce par de larges fenêtres. Aménagé sous les combles, l'atelier sera pourvu de deux vasistas, un pour chaque pan du toit afin que la lumière puisse y abonder.

g) Les formes

L'aménagement est Yang. On emboîte, on compartimente, on empile. Les angles se joignent et les arêtes s'alignent. Les meubles de rangement s'encastrent et donnent de l'épaisseur aux murs.

h) Matières et matériaux

Les matières textiles imprégnées d'assouplissant ont oublié l'amidon pour mieux se répandre sous la vapeur du repassage. En liberté au fond d'un panier d'osier ou empilés au cordeau, cotons et synthétiques accentuent le Yin dans la buanderie.

Les matières de l'atelier varient selon l'activité : modélisme, peinture, bois, cuir, mécanique, argile, pierre, couture, écriture...

i) Les accessoires

Comme dans toutes les pièces de petites surfaces, la pose d'un miroir fait rayonner l'énergie et agrandit le volume. Ne pas le placer face au plan de travail mais plutôt en vis-à-vis des tâches achevées.

Les rondeurs des pots et bidons rivalisent avec les formes rectilignes des boîtes et casiers. Les accessoires sont principalement des contenants. Les précieux outils se rangent par précaution ou s'accrochent pour une facilité d'appréhension.

Trop d'accessoires retiendraient l'attention et créeraient du désordre à moins d'être volontairement concentrés en un point précis.

j) Les odeurs

C'est une pièce qui nécessite une bonne aération pour des raisons de bien-être et de santé. La vapeur d'eau humidifie et alourdit l'atmosphère, suscitant des zones de stagnation.

Les vapeurs des peintures à l'huile ou les émanations des vernis sont irritants pour les yeux et les poumons. Les particules de bois ou autres matériaux se dispersent lors du ponçage ou de la découpe.

Pour des raisons de nécessité, on choisira des diffuseurs de parfums à froid. Bergamote, cyprès, santal et vétiver sont porteurs de créativité.

k) Les sons

Un peu de musique pour se concentrer sur son œuvre et oublier le reste. Classique ou zen, elle ne trouble pas l'attention car dépourvue de paroles. Quelques sonorités ponctuelles sont apportées par un carillon éolien près d'une fenêtre ou de la porte d'entrée.

Pour marquer le passage du seuil de ce lieu intime mais non réservé, un rideau de perles ou d'étroits panneaux de papier préviennent de l'arrivée d'inopportuns visiteurs. Conservez un vieux parquet qui craque et vous ne vous laisserez plus surprendre.

Conseils de décoration

L'aménagement d'une pièce annexe doit être à son image. Il s'agit d'un lieu d'évasion où travail et loisir ne font qu'un.

La décoration d'un atelier se veut avant tout fonctionnelle, elle est à la disposition du maître d'œuvre et trahit quelquefois ses projets les plus personnels.

12) NOTRE JARDIN

Derrière les murs de votre jardin peut se cacher votre âme, à dévoiler en touches colorées ou en pierres savamment aménagées. Pour un jardin réussi en Feng Shui, ne mélangez pas trop de matières, optez pour le bois, que ce soit pour les palissades, le sol en caillebotis ou le mobilier ou bien la pierre et le bois qui se marient très bien. Arbres, plantes et fleurs signeront les détails. Laissez courir votre imagination pour un jardin d'eau, de forme arrondie, un très exotique, un aromatique... " C'est un jardin extraordinaire " comme le chantait si bien Trenet. Première et dernière relation avec votre maison, le jardin doit faire l'objet de toutes vos attentions. De votre maison, le jardin central au Phénix doit être un peu dégagé. L'idéal est qu'il soit face à la fenêtre de votre salon.

Puis créez des zones différentes en faisant vivre vos allées, dont le tracé nécessairement s'affichera en courbes pour une bonne diffusion des énergies positives. Un coin potager ou verger, un espace plus protégé, plus paisible avec de petits murets ou carrément un écran en bambou subtilement agencé pour vous cacher du regard des autres ou vous protéger du vent. Évidemment, une aire sera consacrée aux jeux d'enfants. Balançoire, toboggans et cabane sont situés dans cette aire. Créez pour eux leur petit jardin personnel où ils planteront des graines de fleurs, de légumes ou de plantes dont ils seront entièrement responsables. Préférez des fleurs aux pétales rouges ou jaunes, couleurs Yang stimulant leur envie d'explorer, de découvrir, d'apprendre et de jouer.

Ce jardin doit être avant tout naturel, aéré avec une harmonie de senteurs et de couleurs et surtout particulièrement équilibré quant à l'implantation des arbres, des arbustes et des plantes. Aucune de vos espèces plantées ne doit étouffer une autre. Pensez qu'un jardin Feng Shui n'est pas surchargé en espèces. Vous pouvez choisir aussi une mise en scène avec des carreaux de couleurs par exemple, le coin jaune (Centre), le coin rouge (Sud) avec des coquelicots ou le coin orange (Sud aussi).

Cependant n'abusez pas de trop de rouge, d'orange et de jaune, compensez avec des violets ou du pourpre. En aucun cas, la couleur dominante du jardin ne doit être blanche mais il doit y en avoir. Peu ou pas de bleu et de blanc surtout en face de la porte de la maison et dans l'espace Phénix. De plus apprenez quelques gestes " verts " en ne laissant jamais les mauvaises herbes envahir peu ou prou votre jardin ni vos plantes pousser de façon anarchique. C'est un principe du Feng Shui que de soigner son jardin. Le jardin vit du printemps à l'hiver selon différents cycles et mouvements naturels et nous " apparie " à la terre, symbole de la stabilité.

Sachez ce que vous devez éclairer, une porte d'entrée par exemple, et ce que vous voulez mettre en lumière que ce soit vos massifs de fleurs ou la statue de votre terrasse. Mais n'oubliez pas que vous choisirez avant tout la sécurité. Tous vos luminaires (lampadaires, bornes, spots à piquer, appliques, projecteurs ou éclairages solaires) doivent être conformes aux normes européennes en vigueur notamment celle contre les projections d'eau. Bougies, photophores, lampions et lumignons pour vos tables ou dans les arbres, les soirs où vous dînez dehors.

Comme pour votre maison, laissez votre personnalité parler. Si vous vous sentez bien à tel endroit de votre jardin, n'y touchez pas. Vous voulez le modifier, faites-le touches par touches, un seul changement à la fois. Vérifiez que cela fonctionne, puis continuer.

a) Notre Véranda

La véranda est à la fois une pièce en elle-même parfois la pré-entrée de votre maison ou l'extension du salon ou de la salle à manger. Elle doit être baignée de lumière. Si elle comble un coin manquant de votre maison (faisant un carré ou un rectangle), c'est l'idéal.

b) Notre garage

Généralement, il est attenant à la maison, intégré. Mais si vous en avez la possibilité, le mieux est de construire votre garage dans un lieu éloigné et indépendant de votre demeure. Les automobiles dégagent des énergies négatives pour la maison. Certains vous affirment que, la nuit, les phares de la voiture sont les yeux du tigre qui s'introduit chez vous.

c) Notre piscine

La piscine donne à votre maison un véritable cachet et aujourd'hui son prix est devenu abordable (ou presque). Il y a 5 à 10 % de familles qui en sont équipées et elles se déclinent désormais dans des matériaux innovants, nouveaux profilés, parois arrondies, … et avec des revêtements de différents coloris – bleu, bleu clair, blanc ou mosaïque. L'élément eau étant Yin, les formes en arrondi sont parfaites pour la piscine. Celle en haricot légèrement incurvé qui s'enroule autour de la maison assure une protection à condition qu'elle ne soit pas trop vaste par rapport à la surface au sol de votre habitation. Et qui dit piscine, dit propreté et hygiène. Désinfection, clarification, le tout sans risque pour la peau et les yeux.

La plante qui fait couler beaucoup d'encre

Beaucoup de plantes apportent selon les Chinois, la chance. Généralement ce sont des plantes grasses aux feuilles rondes de couleur plutôt sombre. Mais la reine s'appelle la crassula, en latin "crassula argentea". Sa vertu, elle attire comme un aimant l'argent. Où la placer : à la porte d'entrée, à l'intérieur ou à l'extérieur.

Les plantes bénéfiques

- Le lierre enlaçant d'autres plantes pour le couple.
- Le ficus pour la convivialité.

Les arbres bénéfiques

- Le bambou qui éloigne les mauvais esprits.
- Le pin, pour la constance, l'amitié éternelle et la fidélité.
- Le prunier en fleur pour la chance.
- Tous les arbres fruitiers, particulièrement le pêcher, figure de l'immortalité, et l'oranger, traduisant l'essor prospère.

Les fleurs bénéfiques

- La pivoine, la favorite symbole de la richesse et des honneurs qui vont généralement avec. Hors cette zone Relation, la pivoine parle d'amour et de mariage.
- Le magnolia, la pureté.
- Le chrysanthème jaune à tête ronde, vie tranquille sans problème pécuniaire.
- Le narcisse, porte-bonheur.
- Le lotus, paix et spiritualité.
- La fleur du prunier pour vivre vieux et bien.

À proscrire

- Les plantes à épines et feuilles pointues (cactus, yucca).
- Les plantes miniatures (bonsaïs).
- Les arbres ou plantes à feuilles retombantes (saule pleureur).

13) NOS AMIS LES BÊTES

Les animaux domestiques apportent d'excellentes énergies Yang dans une maison. En liberté, ils occupent la maison durant notre absence continuant ainsi à la faire vivre. Également très réceptifs à l'ambiance : n'avez-vous jamais remarqué que lorsque vous êtes tristes, les animaux se couchent à vos côtés.

Cependant, les animaux en cage tels les oiseaux, les cochons d'Inde et les hamsters sont déconseillés en Feng Shui. Ils entraînent la tristesse ou un sentiment de manque. Prenez un perroquet mais ne l'attachez pas ou un mainate.

Évidemment les poissons, (en fait ce ne sont pas les poissons mais l'aquarium qui est bénéfique), bien que les poissons soient réputés pour calmer. Choisissez-en en nombre pair et plutôt colorés, genres tropicaux. L'aquarium dans un bureau au Nord (prenez votre boussole), à l'Est ou au Sud-Est. C'est possible dans les zones qui sont harmonieuses avec l'eau et à condition que l'aquarium ne se trouve jamais derrière vous. Si vous avez un chiffre Kua lié au feu, évitez de mettre un aquarium quelle que soit la pièce.

Chapitre IV

LE STUDIO, LIEU DE VIE

a) Notre studio

Le Feng Shui préconise une pièce par activité. Il déconseille les meubles ou les pièces multifonctions : lit/bureau, plaques de cuisson/réfrigérateur, chambre/salon…. ainsi que les objets à vocation modifiée comme les nouvelles petites tables qui se plient d'un geste ascendant, évoquant les vide-ordures.

Ces aménagements sont appréciés pour leur gain de place car nombreux sont ceux qui vivent à l'étroit. Comment donc aménager un studio ou un loft dans le respect des principes du Feng Shui ?

b) Le Ba Gua

Les étudiants fixeront au mur dans la zone “ Renommée ” une photo en rapport avec leurs études, l'université, les camarades de cours. Ils peuvent également choisir un objet relatif à la profession espérée. Dans la zone “ Savoir ”, livres et documents côtoient des objets aux reflets brillants. Éclairez cette zone pour un apprentissage aisé et des résultats satisfaisants.

Les personnes âgées attachent beaucoup d'importance aux liens familiaux. Pour multiplier les échanges, il suffit de déposer un dessin d'enfant, une photo ou un objet appartenant à une personne appréciée. La zone “ Santé ” occupe la même place. Un bouquet de fleurs fraîchement coupées, régulièrement renouvelé, apportera vitalité et enthousiasme.

c) L'entrée

Il conviendra tout d'abord de délimiter l'entrée. Il faut ralentir la puissance du ‘Chi avant qu'elle ne pénètre la zone intime. Paravent et rideaux (tissu ou perles) nécessitent un espace libre d'au moins deux mètres.

Un décrochement mural ou un madrier fixé verticalement au mur ou une poutre au plafond (seulement pour l'entrée) peut renforcer le seuil.

Si la configuration du lieu ne le permet pas, décorez le passage, mur ou plafond, de petits objets formant une suite. Par exemple une guirlande électrique, quelques photophores, cadres, échelles, courts panneaux de tissus suspendus à la japonaise, mini seaux métalliques avec cône d'encens...

d) Chambre/salon

Zone sociale le jour, zone intime la nuit, le canapé convertible joue l'ambivalence. Deux solutions s'offrent à nous. Soit nous disposons le canapé hors trajectoire de la porte d'entrée, soit nous l'isolons d'une cloison amovible durant le sommeil.

Il existe des lits sur plateau s'élevant jusqu'au plafond qui offrent l'avantage d'agrandir la zone sociale le jour. Appliquez le même remède la nuit que pour le canapé convertible.

Le lit superposé avec banquette en dessous pose un réel problème du fait de sa situation. On considère que le couchage est localisé par sa barrière mais on renforce l'espace salon du dessous en accrochant une sphère à facettes en cristal sous le sommier du lit supérieur.

Le lit en mezzanine peut convenir puisqu'il se détache de l'ensemble par sa position plus élevée étayée par la présence d'un véritable escalier.

Ne placez pas votre lit sous des poutres qui tranchent le 'Chi, ce qui provoque une pression sur le réseau lymphatique et fatigue le cœur.

Si vous vivez en couple, évitez de le situer sous un plafond fortement mansardé car le 'Chi perd de sa puissance et engendre un état de fatigue.

e) Toilettes/salle de bains

Faute de place, toilettes et salle de bains occupent la même pièce. Pensez à remettre en place l'abattant sur la cuvette des WC et à maintenir la porte fermée. Renoncez aux rideaux ou aux portes western car il est indispensable d'isoler cet espace du reste du studio. Installez un système d'aération électrique afin de chasser humidité et mauvaises odeurs.

Sur l'extérieur de la porte, côté zone sociale, fixez un miroir rectangulaire couvrant la quasi-totalité de celle-ci afin que le 'Chi du studio ne disparaisse dans les canalisations, à condition toutefois que le miroir ne soit pas face à la cuisinière.

f) Cuisine/Séjour

Cuisine et séjour forment la meilleure association du studio. L'engrangement et la transformation des aliments dans l'une précèdent la distribution dans l'autre. Veillez, dans la mesure du possible, à ne pas placer la cuisinière ni en face, ni à côté de l'évier ou du réfrigérateur. Si vous ne pouvez changer un aménagement de type bloc chaud/froid aux effets néfastes, placez entre les éléments un objet décoratif de la cuisine ou des carreaux de faïence aux tons clairs : bleu clair ou vert.

g) Éclairage, couleurs, sons, accessoires

Le studio sera éclairé de façon diffuse, à des points précis. Habillez cet espace réduit de rideaux ou stores, de petits tapis, de meubles discrets et pratiques et de quelques objets en nombre limité. Choisissez des couleurs claires et Yin. Limitez le bruit. Parfumez légèrement d'encens, d'huiles essentielles (eucalyptus) ou de pots pourris de fleurs séchées.

Chapitre V

AVEC QUELS OBJETS ?

1) LES OBJETS QUI PARLENT DE NOUS

Le choix d'une décoration n'est pas anodin, il vous révèle beaucoup plus qu'un style vestimentaire. La plupart du temps, il est spontané, les achats répondent à des coups de cœur. Quelques-uns investissent dans l'art, le mobilier de style ou s'appliquent à recréer des intérieurs admirés sur papier glacé. L'ameublement devient dans ce cas une vitrine, l'objectif étant d'éblouir.

Concilier " praticité ", bien-être et énergies positives est la clé du " Home, Feng Shui home ".

Test :

Chez vous, placez-vous au centre d'une pièce ornée de nombreux objets. D'un rapide coup d'œil circulaire, dites-vous : " Si je devais être un objet, lequel serais-je ? " Ne réfléchissez pas. Choisissez intuitivement.

Que ce soit une chandelle aux trois quarts consumée, un jouet ou un vase en terre cuite, notez sa disposition cardinale, la valeur sentimentale que vous lui donnez, son état, son utilisation ainsi que son origine.

Ce choix vous ressemble ou reflète ce que vous aimeriez être. Il est peut-être temps de l'épousseter et de lui trouver un meilleur emplacement. Maintenant, vous ne choisirez plus vos objets par hasard.

2) LES OBJETS SOUVENIRS

Ils représentent le chaînon entre vous et une époque, un évènement ou une personne appartenant à votre passé.

Certaines femmes conservent leur bouquet de mariage séché qu'elles exposent dans leur chambre, symbole de leur union. Pourtant son aspect déshydraté marque l'épuisement, l'aboutissement, voire la mort. Ce qui est sec se désagrège pour finir poussière. Placé dans la chambre, il sera le reflet d'un couple vieillissant. Peuvent s'associer à cette idée, les animaux empaillés ou les fruits magnétisés.

La photo du grand-père disparu s'affiche de préférence dans un lieu de communication : bureau, salon, bibliothèque ou lieu de passage : hall d'entrée, couloir ou corridor. Placez le portrait dans l'encadrement d'une porte, entre deux pièces, c'est-à-dire entre deux mondes ; c'est accepter qu'il nous ait quitté tout en l'empêchant, par amour, de glisser dans l'oubli.

Les lettres de son ex se rangent dans sa mémoire et non dans son tiroir. En les conservant, subsiste une ambiguïté quant à vos choix affectifs actuels. La lettre d'amour est liée à la relation. Devenue inexistante, l'écrit n'a plus lieu d'être conservé. Évocation d'une souffrance ou de regrets, le courrier ne fera que renforcer des énergies négatives.

Le cadeau de la copine déchue cristallise les rancunes et renferme les mots blessants. Débarrez-vous en ! Chassez–le de votre vue pour effacer de votre esprit le donateur. C'est à ce moment-là que vous pourrez tourner la page puis éclaircir votre paysage relationnel, pardonner ou oublier.

3) LES OBJETS DE COLLECTION

À moins de cibler une période précise, les collections restent toujours inachevées. Elles représentent sinon l'immortalité, du moins la passation, l'héritage. Le collectionneur cherche à acquérir les pièces les plus rares, les plus anciennes, ce qui le conduit à traverser l'espace temporel. Comme on engrange les biscuits, l'huile et le sucre, on amasse les timbres ou les cartes téléphoniques. Chaque pièce acquise accroît la collection tout en rassurant le propriétaire.

La collection calme les pulsions possessives et permet au collectionneur d'appartenir à une confrérie où réunions, marchés et échanges légitiment le bien-fondé de ses travaux de recherche en solitaire. L'abondance du recueil risque d'alourdir le 'Chi en démultipliant les liens énergétiques.

Si vous êtes collectionneur de clés, rangez-les dans une boîte métallique. Évitez de les transporter trop souvent sur vous, le métal étant source de déséquilibre du champ vital. Petites cuillères, dés à coudre, pièces de monnaie, médailles ou pin's trouveront leur place dans des coffrets rangés ou exposés sous verre à condition de mettre en valeur leur brillance.

Le métal, symbole du travail est propre à subir des transformations. Si vous vous sentez l'âme d'un alchimiste qui, par la fusion des métaux, cherche à en soustraire le soufre, vous concilierez le Yang de l'or et le Yin des alliages. Votre chemin de vie passe par la tempérance et le compromis. Votre décor prouve que vous avez su saisir l'essence de vos métissages.

Le papier, sous toutes ses formes, reste une valeur sûre. Livres, manuscrits, livrets religieux, courriers de personnalités, cartes géographiques, tarots divinatoires.... Ils sont conservés aux quatre coins du monde. Les incunables et parchemins enluminés méritent d'être exposés. Le papier éphémère par sa fragilité sert de support à l'écriture qui véhicule le savoir, composant de la mémoire collective d'une civilisation. Le collectionneur protège ses documents derrière les portes vitrées d'une bibliothèque, cloître pour une retraite spirituelle.

Cocottes et tigres de papier côtoieront les plumiers sur les plans de travail. Les papyrus, affiches ou poèmes orneront les murs des salons et des chambres comme une invitation au partage de toutes les connaissances. Aujourd'hui les abat-jour des lampes ont remplacé les classiques taffetas ou vessies de porc par du papier huilé, fripé, gaufré, vernissé…

4) LES OBJETS UTILES

Originellement objets pratiques, ils connaissent une seconde vie dans la décoration. Les contenants ont perdu leurs beaux volumes. La malle qui ne voyage plus conserve jalousement les secrets de famille. Elle est la gardienne des édredons volumineux, des fragiles nappes brodées et des souvenirs du temps passé.

Pichets et pots en étain semblent prêts à étancher toutes les soifs. Attention aux débordements ! En fonction du lieu d'accueil de ces récipients, ils caractériseront une envie ou une passion assouvie goulûment.

Cabas et sacs emplissent les placards. Il n'est pas bon de les conserver en grand nombre. Ils renferment un Sha et les actions quotidiennes que nous menons.

Les sachets en polyéthylène marquent des trajets liés à des actes matériels, liés aux dépenses. Ils entretiennent les dualités suivantes : besoin/plaisir, entrée/sortie, sécurité/culpabilité.

Le sac à main nous accompagne au travail, tout près de notre corps. Il ne doit pas tenir lieu de brocante ambulante. Jetez l'inutile : tickets de bus usités, coordonnées de personnes avec qui l'on a plus de contacts, cartes de restaurants, brisures de tabac..., pour retrouver l'équilibre Yin/Yang.

Les armes, ustensiles ou outillage pointus déchirent le 'Chi et créent un climat de violence ou de haine. Une telle exposition rend le propriétaire agressif ou sur la défensive. Une divergence d'opinions peut vite tourner au conflit.

Évitez d'accrocher sabres et épées entrecroisées dans une chambre à coucher et surtout pas au-dessus d'un lit en bois. D'une part, le combat du Feu risquerait fort de perturber le sommeil. D'autre part, la position des armes rappelle la guillotine dont la lame est en suspens. Sans perdre la tête physiquement, cette énergie négative ascendante peut provoquer des perturbations mémorielles, des anxiétés et un sentiment constant de mise en garde par une justice expéditive.

Le monde des grigris et porte-bonheur n'appartient pas aux principes Feng Shui. Pourtant nombre de personnes se sentent démunies dans une situation à risque sans un objet symbole de réussite. Seule la présence de l'objet assure une protection et non l'objet en lui-même. Par cette logique, les objets ésotériques sont psychologiquement utiles pour certains d'entre nous.

5) LES OBJETS " RÉPUTATION "

L'image que l'on s'efforce de donner de soi-même doit servir de faire-valoir social, politique, culturel ou ethnique. Cet état confirme une position réelle ou ambitionnée.

Les classes sociales les plus démunies meublent leurs petits espaces de vie d'éléments pratiques, hauts, imposants et résistants. Le Chi circule avec difficulté par manque de place et zones de stockage de Sha. Les classes moyennes privilégient le plaisir de l'instant, les meubles tendance, décoration gadget répondant à la modernité du moment. Cadres et dirigeants parlent valeurs, architecture intérieure et mobilier d'une décennie ou d'un siècle passé. L'art se trouve chez chacun, il est source d'évasion, de reconnaissance ou de projection. Choisir la nudité dans l'art, c'est s'autoriser une liberté visuelle dans un cadre traditionnel ; c'est montrer son ouverture d'esprit ou imposer son choix dans la provocation. Adapter l'œuvre au lieu d'exposition afin de faire véhiculer des pensées positives en conformité aux influences énergétiques.

Déclaration des droits de l'homme ou affiches propagandistes sont des poings levés et des barricades contre des institutions ou des mouvements politiques. On attire le visiteur dans un fief, s'il se risque à prendre position, ce sera en connaissance de cause. Les objets choisis soulignent des engagements non négociables. Le refuge du militant exalte ses trophées guerriers où la photo du leader semble voler les regards admiratifs des initiés délaissant les tracts et les vêtements aux couleurs du parti.

La reconnaissance ethnique vaut pour certains une stabilité psychologique. Les " nés ailleurs " et fiers de l'être revendiquent leur particularité. Certains s'attachent à un drapeau pour oublier une main quittée. Le communautarisme s'affiche avec arrogance ou ferveur.

Moulin à prières, capteur de rêves, poterie du Boyaca ou boîte quaker ; ces objets sont la preuve d'un engagement affectif ou d'une appartenance originelle. Les fils du 'Chi sont résistants car les liens sentimentaux sont forts.

ANNEXE

LES EXPERTS FENG SHUI

En étudiant votre cadre de vie, le praticien expert en Feng Shui détermine comme des points d'acupuncture les choses à modifier dans votre cadre de vie pour faciliter une circulation optimale de l'énergie 'Chi. En changeant quelques agencements de votre maison et de votre jardin, votre situation évoluera selon vos désirs, en amour, en travail, pour vos enfants... Un soin énergétique à votre maison en quelque sorte.

Le Feng Shui apprend comment placer les objets dans les endroits les plus favorables aux énergies positives. C'est également la bonne utilisation des couleurs et des formes

Vous pouvez faire appel à eux quand :

Vous voulez améliorer votre santé.

Vous avez déménagé, vous avez l'impression de rencontrer des difficultés financières ou affectives.

Vous voulez empêcher ou limiter les énergies néfastes provenant de l'extérieur ou dans votre maison.

Vous souhaitez une promotion dans votre vie professionnelle.

Vous souhaitez rencontrer quelqu'un.

Vous souhaitez aider vos enfants en difficulté scolaire.

En résumé, quand vous souhaitez améliorer votre vie dans le bon sens jusqu'à l'harmonie et que malgré vos changements personnels dans votre maison, il n'y a rien qui change.

Pour plus de renseignements, des adresses qui peuvent vous aider *

• Institut Européen de Feng Shui
168, Lambézégan / 56440 Languidic / Tél. : 02 97 85 93 68 / E-mail : contact@feng-shui.fr

• Association française de Feng Shui,
40, avenue de Maupassant / 78400 Chatou / Tél. : 01 34 80 90 30.

• Association Interactions, Agnès Dumanget, Le Château, Gaubert Village, 04000 Digne-les-Bains
Tel : 04 92 31 69 40 / Fax : 04 92 31 69 48
E-mail : agnes.fengshui@wanadoo.fr

• Hauduc Bernard
Praticien / Kinésiologie / Art-thérapie / Bio-énergie / Kinésiologie / Santé de l'Habitat / Géobiologie
Tél. 01.60.04.09.28 – 14 rue des Beaux Regards / 77450 Esbly
bernard.hauduc@libertysurf.fr
www.chez.com/kinesiologie

• Arkologie. Formes et architecture de la vie, Serge Hennemann,
77, rue de la République / 93200 Saint-Denis.
Tél. : 01 42 43 05 14.

• Institut de maîtrise des énergies de la vie (Imev),
2, rue du Vieux-Bessin / 30700 Montaren.
Tél. : 04 66 22 57 55 ; fax : 04 66 22 45 98.

• Société anthroposophique
4, rue de la Grande-Chaumière / 75006 Paris.
Tél. : 01 43 26 09 94.

• Centre Tao
35 rue du Pain / 37190 DRUYE – Tél. : 02 47 50 17 70
centretao@aol.com

(*) En aucun cas, nous ne pouvons garantir totalement le sérieux et la compétence des différents prestataires cités. Ce n'est pas la fonction de l'éditeur.

Sommaire

Crédits photographiques

Couverture
Haut gauche/gauche © I.V.V
Haut Gauche/milieu © INOV
Haut gauche/droit © INOV
Haut droit © Catherine CANEY
Bas gauche © Catherine CANEY
Bas droit © Catherine CANEY

Pages intérieures
© Catherine CANEY sauf
Pages 11, 12, 16, 17, 18, 37, 59, 68, 80, 84 haut de page, 82 haut de page, 83, 84, 86, 87, 88, 89, 119, 219 infographies ©Mathieu CANEY
Page 92 © Sylviane ELBAZ
Pages 31, 64, 81 bas de page, 82 bas de page,126, 140, 148, 172, 202 © INOV.
Pages 46, 65, 68, 85, 135, 140, 155, 156, 157, 207 © I.V.V /Enrico CONTI/OMNIA
Page 129 Droits réservés.

Remerciements à :
Claude FUSBERG, INOV et I.V.V

INOV Tél. : 04 72 35 13 35
Chez Inov, vous trouverez tous les accessoires de la décoration, tables basses ou hautes, sièges consoles et miroirs se déclinant dans des matières et des couleurs pour créer une véritable personnalité à votre maison

I.V.V Agence OMNIA Tél. 01 43 55 46 25 – agenceomnia@free.fr
Chez I.V.V, toutes les créations signées I.V.V. sont en verre soufflé à la bouche (pièces de forme) ou pressé à la main (pièces planes), transparent ou de couleur et leur design est signé par les créateurs italiens Paolina Alamanni et Roberto Massi.

Achevé d'imprimer
sur les presses de l'Imprimerie Moderne de Bayeux
ZI, 7, rue de la Résistance, 14400 BAYEUX
Précédent dépôt : Avril 2005
Dépôt légal : n° 21252 - Octobre 2006